恐るべき新世代映画監督たち

山中瑶子　奥山大史　空音央　内山拓也　インタヴュー集

目次

まえがき

「映画なんか観て何になんだよ」

映画『ナミビアの砂漠』の主人公カナはそう言った。え？　今その映画ってやつを観ているのですが。映画の中でその言葉が発せられた時、観客はどう反応すればいいのだろうか。私は客席で脱力して吹き出した。頭ではなく、体が反応したのだ。

『若き見知らぬ者たち』も、『ぼくのお日さま』も、『HAPPYEND』も、いずれも頭で考えるより先に体が反応した映画だ。

声にならない声が出る。息をのむ。小さくガッツポーズをとる。映画館を離れたあとに世界の景色が変わってゆくのを体感する……。

その四本の公開日は、奇しくも同時期に重なっていた。


現代の若者たちの恋愛をモチーフにした風刺劇、吃音をもつ少年がフィギュアスケートを通して成長するヒューマンドラマ、近未来を舞台にした新感覚社会派青春映画、絶望と希望を背負う兄弟と名もなき者たちの魂の物語。

各人各様に作風がまったく異なるが、いずれも作家性とエンタメ性と独創性を兼ね備えており、あえて共通項をあげるならば現代におけるモラトリアム（既存の大人社会に同化しない若者たち）が描かれている。

また監督たち自身もZ世代やミレニアル世代というマーケティング業界に都合のいいグループ分けから逸脱し、その狭間を漂う存在という意味でもモラトリアムだ。

実際、この本の企画当初、サブタイトルに「ニューモラトリアム（仮）」とつけていたくらいだが、監督たちから話を聞いていくうちに、この四人はモラトリアムからすでに抜け出しはじめていると察して、その言いにくくて恥ずかしいサブタイトルを直前で避けることができた。

ただし途中までこの企画の核のひとつであったことは事実として残しておく。


日本人が日本映画しか観なくなってきている文脈とはまた違ったオルタナティブにこの四人の監督は位置する。海外の映画祭へ積極的に参加したり、日本以外の国から出資を得たり、いろんな国のさまざまなルーツを持つスタッフやキャストを起用したり。彼らが向けている視線は国内だけではない。ただしそれはプロパガンダとは一線を画すものだ。

ここでまた冒頭のカナの声が聞こえてくる。映画なんか観て何になるのか。答えはないかもしれない。本書はそんな答えのない挑戦をはじめた若手監督たちが駆け出す姿を記録することで、日本映画の新しい波にスポットを当てる試みである。

ナミビアの砂漠

山中瑶子

Yoko Yamanaka

1997年生まれ、長野県出身。日本大学芸術学部中退。独学で制作した初監督作品『あみこ』がPFFアワード2017に入選。翌年、20歳で第68回ベルリン国際映画祭に史上最年少で招待され、同映画祭の長編映画監督の最年少記録を更新。香港、NYをはじめ10カ国以上で上映される。ポレポレ東中野で上映された際は、レイトショーの動員記録を作った。本格的長編第一作となる『ナミビアの砂漠』は第77回カンヌ国際映画祭監督週間に出品され、女性監督として史上最年少となる国際映画批評家連盟賞を受賞した。監督作に山戸結希プロデュースによるオムニバス映画『21世紀の女の子』(18)の『回転てん子とどりーむ母ちゃん』、オリジナル脚本・監督を務めたテレビドラマ「おやすみまた向こう岸で」(19)、ndjcプログラムの『魚座どうし』(20)など。

美容脱毛サロンで働く二一歳のカナ。優しいけど退屈なホンダから自信家で刺激的なハヤシに乗り換えて、新しい生活を始めてみたが……いや、この映画の魅力はあらすじでは伝わりきらない。カナは現代を生きる若い女性だが、年齢性別を超え、人間の正体に迫ってくるのだ。浮気、嘘、乱暴な振る舞い……これは古今東西、男性主人公像としてよくある設定の逆転版だし、カフェの紙ストローへのぼやき、恋人の家族といる時間のアウェイ感、人との距離感のつかめなさ……これは紛れもなく今あなたのそばにいる誰か、もしくはあなたの写し鏡だ。カナはずっとつまらなそうだが、観ているこっちはずっと面白い。躁鬱気味で、欲望が曖昧なまま、雪だるま式に不安定になっていく、どうしようもない主人公だが、演じる河合優実の存在感とトリッキーな映像も相まって魅力的に描かれている。監督自身の目から見た「本当のことを描く」という覚悟と、全キャストとスタッフの才気が溢れっぱなしの一三七分。まともに浴びれば、本気でけしからんと怒る人もいれば、共鳴して笑い、涙する人もいるだろう。さあ、観る覚悟はできただろうか?

山中瑶子　インタヴュー

©浦将志

男女間の恋愛における力関係

——まずこのタイトルに込められた意味を教えてください。

「当初はまったく違うタイトルで脚本を書いている中で、（河合優実演じる）カナっていつも誰かと一緒にいるけれど、一人でいる時間は何をしているんだろうと考えた時に、この人は一人ぼっちになった途端に何をしたらいいかわからなくなる人なんじゃないかと思って。そこで実際にYouTubeにあるライブカメラ（註：NamibiaCam）のことを思い出したのです。世界中から見ることができるわりと人気のチャンネルで、国立公園に人工的に水場を作って、あえて悪い言い方をすれば、そこに動物たちをおびき寄せて定点カメラで撮影したものを四六時中人間に見せてくれているわけです。その収益が還元されて、その土地が豊かになるのはいいことだと思いながらも、世界最古の砂漠と言われるここにまで〝資本主義〟と〝消費〟がある！　と驚いて。フレーム内の動物に癒されはするけれど、その外側の〝ナミビア〟という国のことはよく知らない。なんて手軽に消費してしまっているんだろうと見ながら思ったんです。カナが働いてる脱毛サロンも、私にとってはルッキズムと資本主義消費社会が強く結びついた悪しき象徴なんですが、情報と物で溢れすぎている東京に生きる若者というのは世界の中でも特にそこに組み込まれてしまいがちなのではないか、とか、そういうことを考えていくうちに、ナミビアって〝何もない〟という意味だとわかったりして、いろんな点と点が繋がって、もうこれは『ナミビアの砂漠』しかない！となりました。でもこれらは私が勝手に考えたことだから、自由に観ていただきたいです」

——山中監督の『あみこ』やオムニバスの『21世紀の女の子』の短編『回転てん子とどりーむ母ちゃん』も拝見しましたが、監督の作品には共通して、虚無感や、いずれ死ぬ時は一人といった台詞がありますね。

「この世界に生きていてそういう気分の中に自分がいることが多いので、それが出てしまっているのだと思いますが、モチーフとしてあえて考えたことはないで

す。今お聞きして、まだそういうこと言ってるんだ私、と思いました（笑）。キャラクターに自分を投影しないように心がけていますが、私の脳を使って書いているのでどうしても登場人物全員がちょっとずつ自分の分身にはなってしまっていると思います」

――映画を作る時にリファレンスとしてお好きな映画を観られるようですが、今回はどんな映画をご覧になりましたか。

「自分が作りたい映画の良き指針となりそうな作品をいくつか観るのですが、その中でも好きな映画は繰り返し観るようにしています。今回はジャック・オーディアールの『パリ13区』、ジョン・カサヴェテスの『ラヴ・ストリームス』とモーリス・ピアラの『愛の記念に』、あとロウ・イエをいくつか観ました」

――私は『ナミビアの砂漠』を観ていて、後半ふと『こわれゆく女』（ジョン・カサヴェテス監督）が思い浮かびました。

「ジーナ・ローランズ主演ですからね。『ラヴ・ストリームス』のジーナ・ローランズも不安定な役ですし。河合さんには『こわれゆく女』も観ていただいたと思います」

――『こわれゆく女』は精神のバランスを崩してゆく妻とその要因でもあり妻と家族を守ろうともしている夫の話ですが、男性監督ということもあり男からの視点になっている。そこで、不安定になってゆく女性が主役という共通点もある『ナミビアの砂漠』は女性監督からのアンサーのようにも思えました。また、海外の記事で本作は日本映画では観たことがない女性像が描かれていると評されていますが、男性像の滑稽な描き方もとても新鮮でした。

「男女の恋愛関係をしっかり描くのは初めてで、わからないことも多いので、古い友人から、知人のカップル、スタッフなど、様々な人の話を聞きに行きました。現代がゆえなのかわかりませんが、思っていた以上に、女性が男性に支配的とまではいかなくても力関係として上にいるカップルが、あまり可視化されてこなかったけれども実は多くいるのかもしれないと気づいて。(寛一郎演じるホンダの路上シーンで)公衆の面前で膝から落ちて泣くような男性って、意外といるようです。

あれはあるスタッフの実体験なんですけど、他にもいて、その方は駅の改札前でした。ランダムに聞いた中で二人もいるということは普遍性がある。それ以前から、恋人の前でブワッと泣く男性の話はよく耳にしていました。でも今までは男性の映画監督が多かったから、知ってはいてもわざわざその面を選ばなかったのかもしれません。男は男らしくあらねばならぬ、というところから昔よりも自由になってきていて、男性ももちろん感情的に泣いていいいし、男らしさの規範にコミットできない人が可視化されてきている現代の流れはいいことだと思います」

――海外でも若い映画作家による男性性の呪縛を描いた作品は増えてきていますが、本作からもそれを感じ取れました。

「カナと付き合うことによって、ホンダはその呪縛から逃れられる瞬間もあったのだと思います。出会った頃はきっと、もっと男らしさで格好良くみせようとしていたはずです」

――男らしさだけでなく、型にはまった男のやさしさを演じているようにしかみえないホンダにもカナは物足りなさを感じていたのでは。

「尽くしてくれるけど、そのモチベーションがわからなくて信用できないというのはあるかもしれません。自分の軸がないように見えて」

――一度めに本作を観た時は、画面のデザインやエピソードのインパクトが大きすぎて圧倒されたのですが、二度めに観た時は、一つひとつの展開の中に主人公カナと男たちの力関係がなぜそうなっていくのかが丁寧に描かれていることに気づきました。

「分析されたんですね（笑）」

――もっと言うと、カナが鼻ピアスをあけてタイトルがバーンと出てくるのが全体の三分の一のタイミング、例のホンダのシーンが三分の二のタイミングで、時間的にもほぼぴったり序破急の三幕構成になっています。

「えー！　そうですか。脚本を書いている時は多少意識していましたが、編集の時までそういうことを考えてやってしまうと、とりこぼすことが多いから意識していませんでした。結果的にそうなっているのはなんだかうれしいです」

父親不在

――カナの父親についてはカウンセリングの時にしか話題にあがっていなかったようですが、あえて詳しく触れていないのでしょうか。

「設定としても、父親は不在としています。確かに私の映画はいつも父親不在なんですよ」

――村上春樹の初期の小説も父親不在が常でした。

「なんででしょうね。父親不在の家庭が私の周りでもわりと多くて。世代的にも、私が子どもの頃はまだ共働きが主流ではなかったので、仮にいたとしても父親は主に外で働いている人として家のことは考えなくてもいい存在で、母親が家庭に押し込められている。そういう印象があって、意識的にならなくても自然と出てこないんです。父性って特にわからない」

――(金子大地演じる)ハヤシに父性は少しめばえているのでしょうか。

「え？　なぜですか」

――彼が書きはじめた脚本の内容や、あと、カナから暴力を振るわれても向き合っているから？

「ほかの媒体でインタビュアーさんから、カナから暴力を振るわれてもハヤシは暴力で返さないのがすごいですねと言われたことがあって、えっ、やり返すのが普通なのかな、と驚きました。ほかにも暴力で返さないのはハヤシが〝いいところの子〟だって感じがしてわかりますと言われたことがあり、そんな見方もあるんだと思いました。ハヤシは倫理観があると自分では思ってそうですよね」

――山中監督のハヤシとの距離感が面白い(笑)。いいところの子はいい人とは限りませんよね。

「〝いいところの子〟はむしろ世間知らずで生きていけるようなところがありますしね。恵まれた環境で生まれ育った人は、自分の特権性を自覚する機会もあまりないし、自分はすごく恵まれていると知った時に引け目を感じることもあるんじゃないかと思っていて。そして自覚していない人の中には、世界には当たり前にいろんな人がいるということに時々気付けていない人もいるようにも思います。同じような狭い属性の人たちの世界でやってこれているし、これからもやってい

ける。そもそもハヤシとカナは生きているフィールドが違うよねという指摘もあり、それはそうだなと思いました」

——登場人物で最も素性が明かされているのはハヤシですね。

「確かに。両親の顔もはっきりと見えていますしね」

——友だちに官僚がいるとか。性格も不思議で、カナが自分の部屋に引っ越してきた朝、カナがまだ眠っているのに、大きな音をたてて小虫を叩きつぶそうとしている。カナが起きて虫を見て嫌な思いをしないためなんだけど、気がきくんだか気がきかないんだかわからない。

「天然な感じはありますね。大事に育てられてきたような。あの小虫のシーンは、笑えますけどね。助監督の平波亘さんは、『ハヤシはラリっていて、小虫は幻覚なんだよね？』と言っていました（笑）」

——ハヤシを演じた金子さんはどんな印象ですか。

「私は役者が決まった段階で、台詞をその人に合うように書き換えるようにしていて。金子さんって、素直ですねと言うと、そんなことないです、と返してくる

山中瑶子　インタヴュー

ようなあまのじゃくなところもありますが、芝居においてはとても素直な方だという印象が本読みの時からありました。ハヤシはもっと嫌なヤツにもなれたと思うのですが、そうじゃないのは金子さんのもつ素直さが良い作用をしていると思っています。金子さんは、わからなくてもとにかくまずやってみます、という気持ち良さがあって。その場や空気にスッと飛び込むというか、潔さにとても助かっていました」

――現場での河合優実さんはいかがでしたか。

「まだ役者になる前にお会いしてから、今までの出演作を一人の観客として観てきましたが、明らかに去年の『かぞかぞ（家族だから愛したんじゃなくて、愛したのが家族だった）』あたりから、主役を演じることも増えるようになり、新たなフェーズに入ったように感じます。『ナミビアの砂漠』はその後に撮影したんですけど、役だけでなく作品全体を捉える洞察力、目と耳の良さ。勉強家ですし、感性だけでやっていないというか、憑依型でもないし、そもそも憑依型って言葉が私は嫌いでなんなんだよと思っているんですが（笑）、地に足のついた方で、どの場にいても馴染み良くて、素

晴らしいです。もはや自明のことかもしれませんが」

――もともとは別の原作ものの企画を監督自ら降りられた事情があるようですが、本作は二〇二三年五月に企画が立ち上がっています。そこから公開までとてもスピーディですが、撮影期間は？

「一五日。撮休入れて一八日です」

――驚異的ですね。

「あまりに短いですよね……。低予算で成立させるには、シンプルに撮影日数が減らされてしまうんですよね。なるべく夜遅くない時間に終えるように気を付けましたが、長編のペースを掴むのも大変で、きつかったですね。でも短いからこそかなり集中力高く取り組めた期間で、充実感はありました。アドレナリンが出てちょっとハイになっているところもあって私はなんとかやれていましたが、メイク部とか衣装部とか、朝早くて夜遅いような部署はもっときつかったと思うので申し訳なかったです。こんなスケジュールでやっちゃだめですね」

――ロケ地は東京でしょうか。

「町田とか、新宿とか。マンションは横浜近郊でした。ハヤシの家族と訪れたキャンプ場は、あきる野です」

――ホンダ役の寛一郎さんの印象は？

「寛一郎さんは劇画みたいに端正な顔をしているのがキャスティングの理由の一つでした。実際にお会いしたらもっとすごいというか、こんな綺麗な顔ってあるんだなと思って。不動産屋の営業という設定で、あの髪の長さも含めて絶妙で、自分でもナイスキャスティングだと思いました。最初の頃はシャイで、金子さんもシャイでしたけど、私もシャイだから、あんまり話すこともない（笑）。脚本を読んでわからないことがありましたか、と寛一郎さんに訊いたら、いや、わかりますという感じだったので、おお、と思いました。ホンダと寛一郎さんの相性、ギャップは本当に抜群で、悲しさと可笑しさがあって、だんだんホンダが出てくるのが楽しみになってくるんです。脚本を書いているときはここまで豊かなキャラクターになるとは思っていなかったので、思い切りやっていただけてありがたかったです」

――スタンダードサイズで撮られている理由は？

「カナ自身は注意散漫なところがあるキャラクターで

すが、映画ではそのカナにフォーカスしたいので、見ている側の情報量を絞り込むためです。フレーム外への意識は音などで向けることができたらと考えていました」

——自然の音や、生活音など、全体的に音響の調整が絶妙だなと感じました。

「カナの主観の音が頻繁に鳴っていて、冒頭のカフェのシーンをはじめ、冷蔵庫のノイズ音など、他の映画では目立たなくさせるような音をむしろ際立たせたりしているので、こちらの意図が伝わるボリュームはどの辺だろうかということをリレコーディングミキサーの野村みきさんとあちこち探って時間をかけて調整しました。野村さんはフランスで音響の勉強をされていたのですが、その時同じチームだった方が私の大好きな『パリ13区』の音響を担当していたらしく、『やり方は同じだよ』と言われてアガりました」

資本主義の風刺

——撮影監督の米倉伸さんとは、どんなコミュニケーションをとりながら撮っていたのでしょうか。

「私は作品ごとにカメラマンを変えてきていたのですが、米倉さんだけは以前一緒に作ったことがあります。それはndjc（若手映画作家育成プロジェクト）の『魚座どうし』を撮るための選考のワークショップの中で作った『したくてしたくてたまらない女２０１９』という五分の短編なのですが、その撮影時のすごく好きなエピソードがあって。事前にフィックスで撮ろうと話していたのに、当日に米倉さんが電車に三脚を忘れてきてしまったんです。みんなで笑って、まあ手持ちでやるしかないですねとプランを変更したのですが、これがまたすごくいい撮影と映画になって。その時のことを思い出して、初の商業長編で柔軟で風通しのいい現場にしたいし、私は撮影当日の思いつきや変更も多い方ですし、今回は特にその場で感じた直感を信じたかったので、米倉さんにお願いしました。米倉さんって、映画を観る時にあまり台詞が入ってこないらしいんです。物語よりも構造的な部分で捉えることに長けていて、それは私にはあまりない視点だったので、それを踏まえたカット割もかなり助けてもらいました。手

持ちメインだったのが、次第にフィックスの画が増えていって、最後の喧嘩のシーンは完全にフィックスになるのは米倉さんのアイデアだったりします。カナが客観性を獲得していくに連れて、固定カメラになっていくのですが、それがナミビア砂漠の固定カメラとリンクするといいよね、とか。河合さんにはなるべく自由に動いてもらいたいから、カメラは機動力重視で軽いものにしようとか話しました」

——ピンクバックのランニングマシーンのアイデアは？

「当初は、画面の右上にワイプが出てきてそれがどんどん大きくなって、バラエティ番組みたいなスタジオにいるという設定にしていたのですが、やりたいことがわかり過ぎて冷めるかなと。あと、カナ以外の人はいてほしくなかった。どこかで見たことあるし、セットが大変なわりに面白くないので、とりあえず脚本上の柱を『抽象空間』という表記に変えて、具体的なことは後回しにしていました。美術の小林蘭さんにこの空間のイメージは何ですかと訊かれて『デヴィッド・リンチみたいにしたい』と言ったら、いくつか提案してくれました。最初は自分たちが喧嘩をしている姿をソファに座ってテレビで観ているということにしたんですが、それじゃああまりにもリンチ過ぎる。ではまず色を決めましょう、となって、ピンクにしました。調度品は何かしらあったほうが良さそうだけどどうしますか、と言われて、その頃私は『この混沌とした世界は資本主義が悪い』という話をよくしていたんですね。先述したように脱毛サロンをカナの職場にに選んだ理由とか、現代は選択肢がありすぎて自分の欲望が捉えにくいという話を覚えてくれていて、蘭さん的に資本主義といえばＩＫＥＡ！　となって（笑）、ランニングマシーンの後ろにＩＫＥＡの電気スタンドを立ててくれたんです。タグもぶら下がっているのですが、一五〇〇円かそこらの電気スタンドで、ちゃんと説明書通りに組み立ててもちょっとスタンドが曲がるんですよ。よく観ると全部があちこちに曲がっていて、歪なんです。そんな話をしていた後に撮影の米倉さんが、カナがランニングマシーンで走っているのはどうですか、と提案してくれたので理由を訊いたら、直感ですと。その直感はいいなと思ったんですね。私なりの解釈では、ランニングマシーンっていくら走っても前には進まないし、無理やり走らされている状態なんです」

――ドキッとするくらいブラックユーモアが効いています。

「そしてカナは走りながらかっぱえびせんを食べているんです。『やめられない、とまらない』。そういうところも遊んでるんです。カルビーに許可をとり（笑）。こういった小ネタは結構あって、全部拾えるのは私だけだと思いますが」

――初見は画が強いことが諸刃の剣のように思いましたが、緻密な作りがそれを支えているから、繰り返し観るたびに新たな発見があります。

「人によっては油断して観たら思っていたのと違う、めっちゃ疲れた、となるかもしれません。でもわけのわからないものにばったり邂逅できるのが映画の良さで、自分は映画のそういうところが好きなんです」

私は私が大嫌いで、大好き
第77回 カンヌ国際映画祭
監督週間正式出品
国際映画批評家連盟賞 受賞
QUINZAINE
ナミビアの砂漠
河合優実
山中瑶子
2020年代、先の見えない世界の中で、彼女は"今"を生きている。

DESERT
OF
NAMIBIA
A Film By Yoko Yamanaka
Yuumi Kawai
Daichi Kaneko Kanichiro
Happinet Phantom Studios Presents
QUINZAINE
CANNES 2024

ナミビアの砂漠

脚本・監督：山中瑶子

CAST
河合優実―カナ
金子大地―ハヤシ
寛一郎―ホンダ
新谷ゆづみ―イチカ
中島歩―東高明
唐田えりか―遠山ひかり
渋谷采郁―葉山依
澁谷麻美―吉田茜
倉田萌衣―瀬尾若菜
伊島空―三重野
堀部圭亮―林恒一郎
渡辺真起子―林茉莉

製作：小西啓介　崔相基　前信介　國實瑞恵
プロデューサー：小西啓介　小川真司　山田真史　鈴木徳至
協力プロデューサー：後藤 哲
撮影：米倉伸
照明：秋山恵二郎
録音：小畑智寛
リレコーディングミキサー：野村みき
編集：長瀬万里
美術：小林蘭
装飾：前田陽
スタイリスト：髙山エリ
ヘアメイク：河本花葉
助監督：平波亘
制作主任：宮司侑佑
音楽：渡邊琢磨
制作プロダクション：ブリッジヘッド コギトワークス
企画製作・配給：ハピネットファントム・スタジオ
宣伝プロデューサー：森本麗花（Rhino）
パブリシティ：野下はるみ、堀木英恵（メゾン合同会社）

日本 / 2024 /137 min. / スタンダード

河合優実　インタヴュー

山中監督が一九歳の時に撮影した『あみこ』を、当時高校生だった彼女は劇場で観てその自由さに衝撃を受け、トーク付きの上映会に行き、「演技がしたい。いつかキャスティングに入れてください」と書いた手紙を監督に手渡した話は様々な媒体で語られているのでご存知の方も多いだろう。いつかの少女は、いまやこれからの日本映画に最も必要不可欠な存在のひとりとなった。自ら道を開き、自由を手に入れたのだ。

——念願の山中瑶子監督作品ですが、最初に脚本を手にした感想を聞かせてください。

「まず主人公のキャラクターとしての面白さが一番にきて、自分の体を使ってこの人の一つひとつのシーンを表現したい、と思うような描写が詰まっていて、撮影が楽しみになりました。山中さんの産みの苦しみ、脚本が上がるまでの変遷も見守っていたので、何度かお会いしながら応援していって、やっといただけたものでしたので、とにかく撮影までに脚本として上がってきてよかった、という安堵もありました（笑）。短い期間に、いろんな歯車が噛み合ってできたものでした。そのぶん余白もある脚本なのかなと思ったのですが、それでも、観たことがない主人公になる、観たことがない映画になる、絶対面白い作品になる、という確信はありました。脚本を受け取ったスタッフもキャストもみんな同じことを思っていたんじゃないかと思います。だから山中さんの頭の中にあるイメージや、どういうことをやれば面白くなるのかということを、みんながくみ取りにいくようなチームでした」

――現場での監督はいかがでしたか。

「私はもっと山中ワールドみたいなものが色濃くあるのかと思っていたのですが、監督からトップダウンのようなかたちではなく、迷ったり悩んだりしたらその姿も見せてくれるし、そこに対していろんなスタッフが提案したりアイデアを出し合って、それを監督もすごく聞き入れていました。即興的に何かが生まれることもあるし、このシーンのカナはこの姿勢をしてくださいという具体的な画像を見せてくれたり、何にもとらわれない自由な作り方でした」

――監督は、河合さんは脚本を理解した上で芝居をしてくれていたとおっしゃっていました。

「よかったです。カナのキャラクターがよかったし、私が好きだと思えて、愛情を持てたから前のめりになれました。運良く監督の中のカナのイメージと私が合致したようです。リハーサルをしたのですが、監督から『最初の日からカナでした。なんでわかったんですか』というメッセージをいただいて、そこでこの方向性でいいんだと掴めたので、現場では自由に表現を探せる感覚がありました」

――それ以前の段階では、カナをどう築き上げたんですか。

「カナの人への接し方とか、一人でいる時の奔放さとか、いろんなシーンの端々からイメージを膨らませました。今回は、どういうバックグラウンドがあってこういう性格になったのかという道のりを根拠をもって辿るというよりは、カナが持つエネルギーをイメージ先行で作りました。そこから声の出し方とか、姿勢とかが生まれていきました。それを山中さんが気に入ってくれて、もっと面白いものが現場で出てきたり。カナは、次第に破滅的に、不安定になっていくのですが、静かになったり、憂鬱になったりするような暗いイメージではなく、走ったり飛んだり跳ねたりするイメージが合うと思っていましたね」

――河合さんの身体能力の高さがカナの心情の表現を面白いものにしていました。街中で急に側転したりとか。

「脚本に書いてあったのを読んだ時は不安でしたけど（笑）。体育の授業でやったことあるけど、今できるかなって」

――自由とはいえ、脚本に忠実だったのでしょうか。

「台詞や大まかな行動は忠実です。それ以外の表現は委ねてくれました」

――冒頭でカナが友達の相談に乗りながらだんだん意識がとんでいくシーンの河合さんの目つきが的確で、思わず笑ってしまいました。監督からお聞きしたのですが、監督が河合さんへ自分の嫌なところありますかと訊いたら「たまに人の話を聞いてないって言われます」と言われた発言から思いついたそうですね。

「そうみたいですね（笑）。すごくカナの気持ちがわか

ります。私もとても好きなシーンです」

――完成した作品全体についてはどう思われましたか。

「想定していたより、観るのに体力を使う感じはありましたが、やはり脚本を読んで受けた印象通り、起きていることはまあまあ大変なんですが、軽やかだし、笑えるし、かっこよくて面白いし、目指していたところに近づけた気がしました。とくにホンダは、現場で体感していたよりもすごく愛しくて面白いキャラクターになっていました。いい役だなあって（笑）」

――ホンダは悲惨ですが、おいしい役ですよね。寛一郎さんが、それを理解してあの演技をしていたことも凄い。

「あとからお聞きすると寛一郎さんは結構迷いがあったみたいなのですが、現場では全然それを感じさせませんでした。ホンダが道端で崩れ落ちてゆくシーンも、今滑稽だろうなというのがわかってやっている。自分の生理だけでその場で生まれたものをぶつけるというよりは、理解してあの惨めさを演じられるというのは素敵ですね」

――撮影は時制どおりに進められていたのですか。

「ホンダとハヤシは分かれていました。前半は、ホンダと一緒のシーンを撮りました。ハヤシとのシーンは後半、というのは混ざっていません。完全な順撮りではないです」

――金子大地さん演じるハヤシは、徐々にいろいろと素性がばれてゆく役なのですが、嫌な印象をあまり持たせずに飄々とした印象のまま最後まで観ていられるのがいいですね。

「金子さんだからこそだと思います。性別が違うのでありえないのですが、私がハヤシをやるとしたら、彼のバックボーン、脚本に書いてある情報をもとに、もうちょっとわざと何か表現しちゃうと思うんですよ。金子さんはもっと自由で、そういう情報をちゃんと入れつつも、そのシーンによって、その時の自分の状態で反応できる。そのお芝居的な勘が、一緒にやっていて面白かったです」

――さきほど金子さんともお話ししたのですが、ご本人は可愛げがあるというか愛すべき雰囲気をお持ちの方ですね。

「金子さんも寛一郎さんも、撮影が終わってからの方が結構お話する機会があったのですが、普段はとても面白い方です」

――ほかの媒体では明かしていない、お気に入りのシーンを教えてください。

「これはほかでは話していないのですが、脱毛サロンのシーンですかね。脱毛サロンで働いている主人公という設定を観たことがないですし、まずその、毛がない方が綺麗というスタンダードが日本にあって、それを強制してくる広告がいっぱいあって、映画の中で言われていたように医療脱毛やエステ脱毛のお金のサイクルもあって、グロテスクな社会の構造を女性の目線から感じさせる。でもカナはそこまで考えていない。ちょっと時給がよくて、免許がなくてもできる仕事。でも知らず知らずのうちにそういうシステムに巻き込まれている人という観方もできるし、その設定が面白いと思いました。ビジュアル的にもSFみたいでユニークですし。撮影時、指導を受けたのもとても面白かったです。エステ脱毛を良くは言っていない脚本だから、場所や機材を貸していただける企業を探すのに苦労されたみたいです。そんな中でも、マシンをご提供いただいたエステサロンの社長の方にいろいろご指導いただきました。最後には、もう河合さん働けると思います、とお墨付きをいただきました（笑）」

――仕事場でのカナの口調も資本主義に取り込まれた感がありますね。

「過剰に丁寧な言葉を使いながら施術をしてゆく、というト書き（註：台本に書かれた登場人物の行動や心情を指示した文章）があり、そこも可笑しみを感じました」

――事前に監督からリファレンスとしてあげられた映画の中で、印象に残っている作品を教えてください。

「『パリ13区』（ジャック・オーディアール監督／二〇二一）です。主人公が一人でいる時の奔放さが私の中ではカナと重なりました。冒頭で主人公が痩せたくてダイエットのためにお腹にサランラップをぐるぐる巻きにするシーンが出てきて、一見何しているのかわからないのですが、そういうライフハック動画ってたくさんネット上にもあって、冷静にみたらおかしいことでも一人の時には試したくなったりするよなって。女性でも男性でも人に見られていない時のおかしさ、なさけなさ。

カナでいえば、上半身裸なのを見られたくないから手を伸ばしてがんばってTシャツをとる、みたいな。そういうところが自然に人物像として描けるといいなと思いながら観ていました」

――監督にも言ったのですが、『ナミビアの砂漠』を観ていて、途中から河合さんがだんだんジーナ・ローランズ（同じくリファレンスにあげていたジョン・カサヴェテス監督の『ラブ・ストリームス』や『こわれゆく女』の主演女優）に観えてきました。ただ似ていると言いたいのではなく、不安定になっていく女性の狂気のようなものを日本の女性監督の目線から撮ること、それを河合さんが演じていることにセンスを感じました。

「その目線が、山中さんで良かったな、と思います。狂っていく女の人に、色気を見出したり、破滅的な事件が観たいという方向にいくのではなく、同じ性別からの目線として、肯定も否定もしない、その時不安定な状態のままで生きているカナの現在地だけを描いているのが、すごく良かった気がしています」

河合優実
Yuumi Kawai

2000年生まれ、東京都出身。2021年出演『サマーフィルムにのって』『由宇子の天秤』での演技が高く評価され、第43回ヨコハマ映画祭<最優秀新人賞>、第35回高崎映画祭<最優秀新人俳優賞>、第95回キネマ旬報ベスト・テン<新人女優賞>、第64回ブルーリボン賞<新人賞>などを受賞。2022年には『ちょっと思い出しただけ』、『愛なのに』、『女子高生に殺されたい』、『冬薔薇』、『PLAN 75』、『百花』、『線は、僕を描く』、『ある男』など数多くの話題作に出演。近年では『少女は卒業しない』（23）、『ひとりぼっちじゃない』（23）、『四月になれば彼女は』（24）、ドラマでは「不適切にもほどがある!」（24/TBS）、「RoOT / ルート」（24/TXほか）、『あんのこと』（24）、劇場アニメ『ルックバック』（24）など話題作への出演が続いている。

金子大地 インタヴュー

「自然体の演技」ほど不自然な言葉はない。だが彼なら半魚人でも透明人間でも自然体で演じるだろう。ハヤシのこなれ感は、金子大地が演じてこそだ。

――『ナミビアの砂漠』は映像も斬新ですが、キャラクターも今までに観たことがない人物像が描かれています。脚本を読んだ時点で、今までとは違う何かが伝わってきたのでしょうか。

「はい。この脚本がどんな映像になるのか想像ができませんでした。間違いなく面白いものになるんだろうなと感覚的にはわかるのですが、どうなるんだろうという気持ちで参加しました」

――現場での山中監督はいかがでしたか。

「ふわふわとしてミステリアスな方です。こだわりが強いかと思いきや、いろんなスタッフや役者の意見を取り入れて受け止めながら進めていく方でした。それでいてご自身のやりたいことが明確にある。何をすれば監督に響くかを考えながら、みんなが動いていました。周りがそうなっていくのは監督の才能と人柄ゆえだと思います。でも僕は何がオーケーかわからなくてびくびくしながら撮影していました」

――登場人物の中で最も素性が明かされているのは金子さん演じるハヤシです。物語を追うごとに少しずつですが曝されてゆく。金子さんの演技は肩の力が抜けていて、だから観客としては安心して観ていられるのですが、ハヤシであるためにどう取り組まれたのでしょうか。

「難しかったです。派手なシーンもありますが、淡々と物語は進んでゆくし、ハヤシの役柄として見せ場はなく、でも一番情報量が多い。一度どう演じるか考え抜いた末に、その考えを捨てて飛び込みました。ダメだったら山中さんからオーケーが出ないし、結局どう切り取られるかで決まるので、その瞬間その瞬間でハヤシはこう思うのではないかという自分の感情で演じました」

――山中監督から見た金子さんの人物評は〝素直〟でした。金子さんのその資質がハヤシに影響を与えているとも仰っています。金子さんはカメラがまわっている間は映画の中で生きているタイプなのでしょうか。

「どうなんでしょう。普段、他人からよく見られたいと、だいたいの人が考えていますよね。僕もそうです。でも、人に見せられない姿、欠点、恥ずかしいところを、作品を通して肯定できる瞬間が、自分にとってのお芝居なんじゃないかなと思っています。それをさらけ出す瞬間はわりと好きです」

――完成した作品を観ていかがでしたか。

「自分では予測していない自分がそこにいました。結局何にも考えていなかったな、と(笑)。最初は自分の芝居が気になって集中して観ることができませんでした。二回目に観た時にちゃんと面白い映画だなと思えました。主人公のカナ、それにかかわるホンダやハヤシ、ほかのキャラクターもみんな魅力的で、いろいろなことが起こっているのにもかかわらず、重くなりすぎない。カナとハヤシの二人が喧嘩している部分など、引いて観ることによって共感できて、滑稽に観える。登場人物にしてみれば、自分は退屈だったりする状況が、客観的に観るとそこが魅力的で、楽しめました」

――河合優実さんとは『サマーフィルムにのって』で共演済みですが、今回はより関係性の深いキャスティングです。

「河合さんは、歳下とは思えないくらい、お姉さんという雰囲気で、ずっと現場でも引っ張っていってくれました。女優としての強さ、人としての強さを持ったお芝居をしていると感じて、僕も負けられないという気持ちで必死についていきました」

――事前にどんな準備をされましたか。

「インの前に、喧嘩のシーンのリハーサルをたくさんしました。言ってみればクライマックスじゃないですか。そこを一番最初にリハーサルしています。でもそれがあったおかげで、コミュニケーションがしっかりとれました。河合さんとは共演経験がありましたし、いい距離感で一緒にお芝居ができたと思います」

――取っ組み合いの喧嘩のシーンは、殺陣のように振り付けがあるのでしょうか。

「ありました。型を決めて、その型からどうリアルに観せていくか、決まったものをどう崩していくかも含めて、入念に何度もアクション練習をしています」

――参考にされた映画で印象に残っているものはありますか。

「『ラブバトル』(ジャック・ドワイヨン監督／二〇一三)。ずっと取っ組み合いの喧嘩をしている描写があるんです。それこそカナとハヤシのように。それが言ってみれば愛の描写でもある」

――『ナミビアの砂漠』でお気に入りのシーンはどこですか。

「喧嘩のシーンのあと、二人が対峙して、ちょっと会話してハンバーグを食べるシーンは、自分にとって思い入れがありますね。河合さんもすごくいい表情をしている。あれを間近で観て、心に残るものがありました。あと、唐田（えりか）さんが演じる隣人とカナが二人で焚き火をするシーンも好きです。あそこであの歌を持ってくるのは、山中さんのセンスですね」

――この映画は、海外の批評でも、日本映画ではあまり観たことがない女性像が描かれていると言われていますが、男性像の描き方も新鮮です。

「僕はホンダにも共感できるし、ハヤシにも共感できます。自分が演じたこともあって、ハヤシは、例えば、カナが言ってほしい言葉が瞬時にわかっているのに、あえて言ってあげないとか。そういうちょっとしたこと

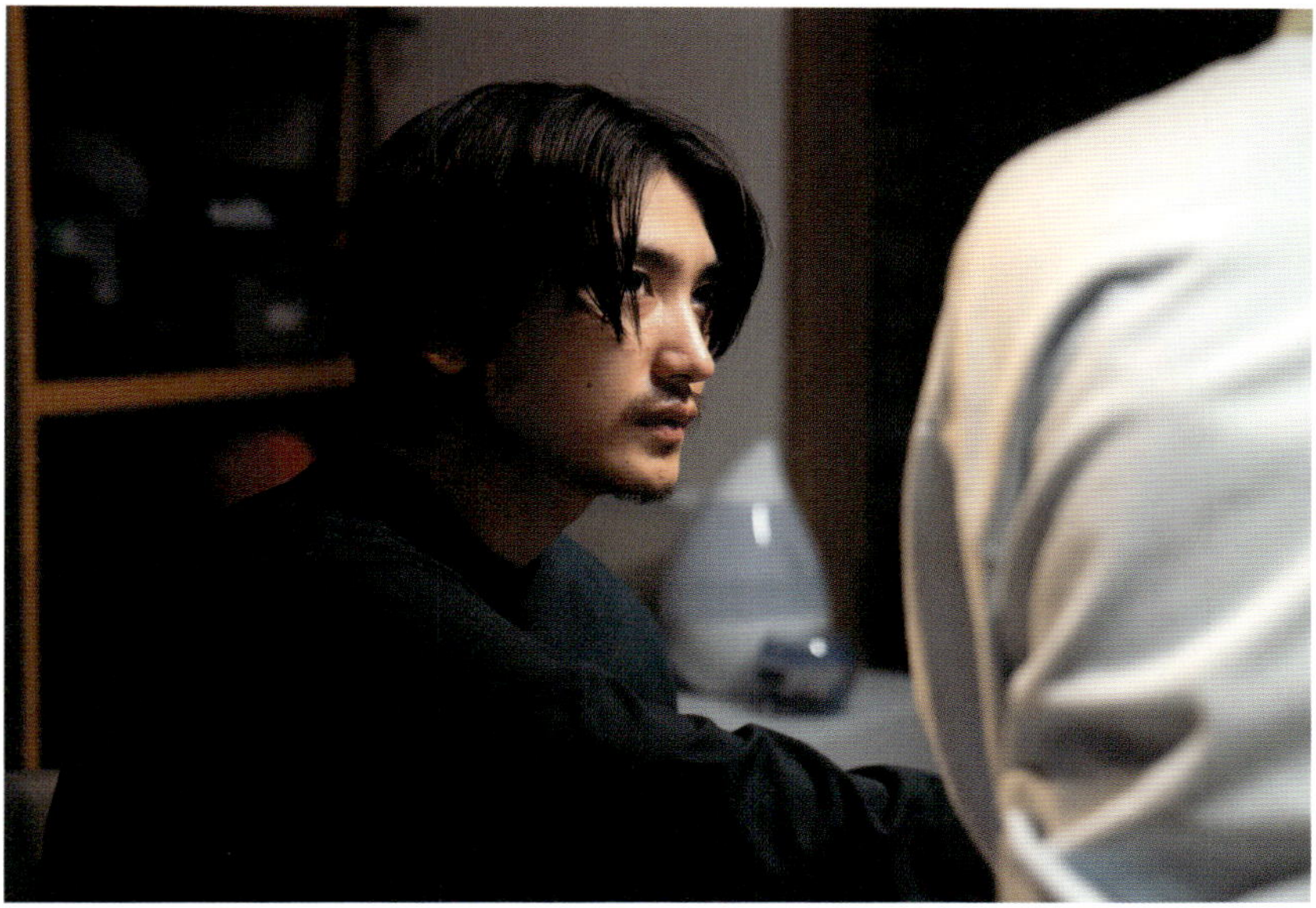

って人間関係においてあるな、と思いました。この映画の登場人物はみんな加害者であり、被害者でもある気がしています。ホンダだって、カナに対して、何かしらそういう気持ちにさせているからひどい目にあう。東京に住む二十代の恋愛を描く上でそれはリアルです。ただ、この映画はリアリティを追求しすぎていないところがいい。そこにユーモアや、映画的な面白さがいい具合にマッチしている。その絶妙なバランスが、この作品の面白さだと思います」

金子大地
Daichi Kaneko

1996年生まれ、北海道出身。「アミューズオーディションフェス 2014」にて俳優・モデル部門を受賞しデビュー。以降、映画・ドラマ・CMに出演。2018年には、ドラマ「おっさんずラブ」(EX)で人気沸騰。2019年、ドラマ「腐女子、うっかりゲイに告る。」(NHK)で初主演を果たし、一躍脚光を浴びる。主な出演作に、『逆光の頃』(17)、『ナラタージュ』(17)、『家族のはなし』(18)、『殺さない彼と死なない彼女』(19)、『猿楽町で会いましょう』(20)、『先生、私の隣に座っていただけませんか?』(21)、河合優実との初共演を果たした『サマーフィルムにのって』(21)、『手』(22)などがある。近年の出演作は、映画では『モダンかアナーキー』(23)、『Winny』(23)、『52ヘルツのクジラたち』(24)、ドラマではNetflixの「サンクチュアリ-聖域-」(23)など。

寛一郎 インタヴュー

彫刻のような顔立ちと緻密な演技でクラシカルな雰囲気をもつ寛一郎。ホンダという本作における異分子を演じることで、一際目を引く存在となった。

——ご出演の経緯を教えてください。

「山中監督の存在は知っていました。『あみこ』からだいぶ時間が経っていましたが、ああ、あの山中さんが撮るんだ、しかも主演は河合さんで、脚本を読んだらめちゃくちゃ面白いですし、やらない理由はないなと確信しました」

——撮影中の監督としての山中さんはいかがでしたか。

「まとっている空気が面白い方です。それが何からくるものなのか考えた時に、やはりどこかクレイジーなんですよ。悪い意味じゃなくて、倫理観がバグってて、すごく道徳的で人の感情がわかっているんだなと思う瞬間と、まったくそれと関係なく突き進めていく傲慢さ、それらは両方とも監督には必要なんです。山中さんはそのバランスをいい塩梅で持ち合わせている。映画を撮ることは正解を当てるゲームではありませんが、彼女にとっての正解かわからない時もありました。

僕は最初の三日、四日に集中的に撮って、あとは最後に待ち伏せするシーンだったので、結構怖かったですよ。シーンが終わってオーケーっとなって、大丈夫でしたか、と監督に訊いてみても、『ああ、まあ、そんな感じで……』という反応で、心配になりました（笑）。何かあったら言ってくださいと伝えても『ああ、大丈夫です……』と言われて。彼女の中でその抜け感と、奥にある一本芯が通った部分が共存しているんですね。何か試されているんじゃないかと不安になりながら撮影していましたね、僕は」

——意外ですね。監督にもお話を伺ったのですが、河合さんや金子さん同様、寛一郎さんは脚本を理解した上で芝居をしてくれていたように仰っていました。

「そうなんですか（笑）。でもこの現場でいいなと思ったのは、脚本がすばらしいがゆえに、みんな脚本をちゃんと自分なりに読み取って、その一〇〇パーセント、一二〇パーセントを出そうと各部署が考えて監督に対して提示しあうっていうシステムが図らずもできていたこと。ただ、脚本通りにやることが正解ではなくて、監督自身もこう書いていたけれど、ロケーション含め役者が入ってニュアンスが変わってくることもあったと思います」

——寛一郎さんの見た目であの役柄にキャスティングすることは山中監督にしかないセンスですし、観客としては寛一郎さんの新たな側面を発見することができました。

「そうだとしたらとてもうれしいです」

——ホンダというキャラクターは、寛一郎さんを喜劇役者としても開花させたのではないでしょうか。

「そもそも台詞が面白いんですよ。『風俗行っちゃった』とか。だから変に工夫するとその台詞の良さが消えてしまう。しかもホンダっていう人間は、僕個人の主観としては決して面白い人間ではない。彼が真剣であることが自然と面白くなってくるような脚本だったんです。だから、こうやって面白くしよう、とは考えていませんでした。スタッフさんの実体験が反映されているので、例のシーンの膝からの崩れ落ち方は、そのスタッフさんと彼氏があの状況に近い口論をした時の崩れ方をご本人からレクチャーを受けて、それは発想になかったな、面白いですね、という話をしてああなったので、結果的に僕が作ったというより、みんなで作った感じはします」

――いいチームワークですね。完成された作品を観ていかがでしたか。

「笑えるところがたくさんあるのがいい。あと、映画の歴史の上に築かれたルールがあることもわかった上で、やってんなこの作品、でもやりすぎではない、現実とフィクションの際きわで面白いことをしている作品になっているとも思いました」

――共演者の河合優実さんはいかがでしたか。

「すばらしい方です。人としても、女優さんとしてもかっこいい。賢くて、冷静だし、人の悪口も言わず、文句も言わない、懐の深い方です。一方で、お芝居をしていて、彼女の中に強い闘志も感じました。それも塩梅が大事ですよね。彼女は熱いものを込めたまま、頭は冷静に働かせながら、全体をみている印象です」

――カナというキャラクターについてはどう思われますか。

「個人的にはかかわりたいと思わないですが。でも可愛いですよね、カナって。彼女は意外とばかじゃない。ぐさっとくることを言ってくるし、あんなにわがままに振る舞っていても魅力がある。ホンダのように可もなく不可もない、つまらない人間よりも、僕はカナのほうが魅力的に見えてしまう」

――お気に入りのシーンを教えてください。

「カナがホンダと別れたあと、ハヤシと会うわけですよ。歩道橋の上でカナがオーケーのポーズをして、それを見たハヤシが喜んで走り出すんですが、その走り方も滑稽で、だっせえなと思いつつ、ハヤシのうれしさも出ているし、カナの切り替えの速さ含め、面白いですよね。もう一つ、カナがこけたあと、バス停の前でハヤシの顔のカットからはじまるシーン。そこへバスが来て、それでもまだハヤシの顔で、急にぱっと切り替わって、カナが首にコルセットをつけて車椅子に乗っているのを観て爆笑しちゃいました。ああいう観せ方も、日本のお笑いっぽくてすごく好きです」

――さりげない部分ですが、ホンダが香水をかけるシーンもいい。

「ああ、ホンダのナルシシズムが含まれていますよね」

――この映画で描かれる男性像をどうとらえましたか。

「男性監督が描く女性ってどうあがいても女性は違和感を持つと思うんですが、今回の山中さんが描く男性って違和感がないんですよね。僕も持ち合わせている部分があります。カンヌに行った時のこの作品への感想で『前の前の彼女があういうタイプだった』っていう人がいて面白かったですね。だから世界共通でこういう時代の流れなんだろうなと再認識しました」

寛一郎
Kanichiro

1996年生まれ、東京都出身。2017年に俳優デビュー。同年に公開された映画『ナミヤ雑貨店の奇蹟』で、第27回日本映画批評家大賞の＜新人男優賞＞を受賞。翌年には『菊とギロチン』で第92回キネマ旬報ベスト・テン＜新人男優賞＞や第33回高崎映画祭の＜最優秀新進男優賞＞などを受賞。大河ドラマ「鎌倉殿の13人」（22/NHK）、映画『月の満ち欠け』（22）、『せかいのおきく』（23）、『首』（23）、『身代わり忠臣蔵』（24）など話題作に数多く出演。他、近年の出演作に『プロミスト・ランド』（24）、『シサム』（24）などがある。主演作、米・スカイバウンド×フジテレビ共同制作ドラマ『HEART ATTACK』が配信予定。

ぼくのお日さま

奥山大史

Hiroshi Okuyama

1996年2月27日、東京生まれ。長編初監督作「僕はイエス様が嫌い」(2019)で第66回サンセバスチャン国際映画祭最優秀新人監督賞を史上最年少で受賞。本作は、日本、フランス、スペイン、韓国、香港で劇場公開された。是枝裕和総合演出のNetflixシリーズ「舞妓さんちのまかないさん」で5、6、7話の監督・脚本・編集(5話は是枝監督との共同監督回)を務めている。また、CM、MVなどの監督・撮影も担い、2021年にはエルメスのドキュメンタリーフィルム「HUMAN ODYSSEY」で総監督を務め、2023年には『君たちはどう生きるか』の主題歌である米津玄師「地球儀」のMVの監督・撮影・編集を手がけている。長編2作目、商業長編デビュー作『ぼくのお日さま』は、第77回カンヌ国際映画祭「ある視点」部門に正式出品された。

吃音のあるアイスホッケー少年・タクヤは、「月の光」に合わせフィギュアスケートを練習する少女・さくらの姿に、心を奪われてしまう。ある日、さくらのコーチ荒川は、アイスホッケー靴のままフィギュアのステップを真似て転ぶタクヤを見つける。タクヤの恋の応援をしたくなった荒川は、スケート靴を貸して、タクヤの練習につきあう。しばらくして荒川の提案から、タクヤとさくらはペアでアイスダンスの練習をはじめることになり……。

冬の日差しは夏のそれよりまぶしい。初雪から雪どけまでの少年の成長を描いた『ぼくのお日さま』は、冬の映画らしく、光を近くに感じる。冷たい空気の中で当てられる、あたたかみのある天然の照明は、演出を超えた演出効果を与えている。でもそれは奥山大史監督の筋書きどおりだろう。彼は映画について語る時も、自分自身の話をしている時も、淡々と、早くも遅くもなく同じトーンで話す。しかし文字に起こしてみると、彼はとても注意深く人間観察をしていたり、情景を記憶に焼き付けていたりすることがわかる。しかもわかりやすい表現で。これはまるで彼の映画そのものだ。

ARRI

人の優しさを描く

――劇中に流れるドビュッシーの「月の光」は、どのように選ばれたのですか。

「僕が新横浜スケートセンターでフィギュアスケートを習っている時に好きだったのが、滑っている時間よりも、二階の客席から姉が滑っているのを見る時間でした。特別仲がいいわけではなかったのですが、滑っている姿は印象的で。映画に使える曲を考えていてパッと浮かんだのは姉が滑走曲に使っていた『ボレロ』で、もう一つが『月の光』。フィギュアで使われるクラシックをいろいろ聴き返して、さくら（中西希亜良）が滑っていて似合い、かつ、もともとその曲で荒川コーチも滑っていたことを加味して、一番ふさわしいのが『月の光』でした」

――荒川コーチ役の池松壮亮さん、五十嵐役の若葉竜也さんの印象を聞かせてください。

「エルメスのブランデッドフィルムでご一緒してすばらしい役者さんだなと思っていた池松さんに『こういうのを作ろうとしています』くらいの温度感で映画のプロットを読んでもらったら、もうこれ出ますと言ってくださったんです。そこで恋人役は誰なのか具体的に決めないと僕は書き進められないタイプなので、その時思い浮かべたのが若葉さんでした。出演作はほぼ全て観ていて、主演の『街の上で』（今泉力哉監督／二〇二〇）も大好きですし。五十嵐はあまり背景が説明されない役だから説得力を持って台詞を発することができる人にしないと成立しないので。ただ僕の筆が遅すぎて、若葉さんへ依頼するタイミングで薄い内容の状態でお送りしたら、もう少し具体を書き込まれたところで検討したいといった反応で、とはいえ、まだ台詞を書き込むことができなかったので、五十嵐の自己紹介文を作ってお送りしたらオーケーのお返事をいただきました。ご本人とお会いした時に、同性愛者の役はこれまでも依頼があったけど当事者じゃない自分がどう演じられるか悩んで断り続けてきて、でも今回のような表現であればという話を伺いました。引き受けていただく前は池松さんは即答で、若葉さんはやりとりがしっかりあったのですが、逆にその後は池松さんはす

ごくコミュニケーションを重ねて、若葉さんは髪の色について話したくらいでほぼやりとりゼロで現場でも完璧でした。そう言った意味で、お二方ともいつも素晴らしいお芝居をされていますが、アプローチの仕方は全く違うのかな、と。後半、二人の長いシーンがあるのですが、全然脚本が出来上がらなくて、結局撮影直前まで池松さんと若葉さんとプロデューサーの西ヶ谷さんと僕の四人で台本を囲んで撮影一〇分前くらいまで話し合って、一〇分で台本覚えていただいてすぐ撮りました。その時の二人は頼もしかったです。頼もしいお兄ちゃん達、という感じでした。若葉さんは場を成立させるのが上手。記憶にあるのが、「月の光」を歌いながら荒川に『踊って踊って』というくだりを撮る時に監督の視点と撮影監督的視点が自分の頭の中でバトルしていたんです。撮影監督としては二人が横位置に綺麗に並んでほしい。ただ、手前の椅子に座っていた五十嵐が無意味に荒川の横に行くのは、その行動に動機が無いので、監督としては変なんです。でもそれを若葉さんに伝えると、『さっきこの足下って映ってましたか』と訊かれて、映ってなかったですと伝えた

ら、見ていた雑誌を足下近くに散らばせたんです。なんでだろうと思って、用意スタートってはじめたら、池松さんが来る、そして若葉さんは足下の雑誌を避けるかたちで池松さんの方に寄っていったんですよ。いやあ、本当に説得力を持たせるのが上手なんだなと思いました。若葉さんは手持ち無沙汰にならないように間を埋めて成立させる天才で、池松さんは手持ち無沙汰な様子にストーリーを感じてしまう役者、と僕の中では思っています。あとあと知ったのですが、若葉さんは池松さんが出ると企画段階で聞いたから興味を持ったのに、やけに薄い脚本が届いたから、なんで池松さん出るのかって本人に訊き、池松さんに絶対いい作品になるからって説得されて受けてくださったそうです。ヘアメイクもずっとお願いしたかった寺沢ルミさんにオファーしたらスケジュールが合わず即答でお引き受けは難しい、と言われたんです。残念だったなと思っていたところに、池松さんからルミさんどうでしたって訊かれて、スケジュールが合わずダメでしたって言ったら、しばらくして池松さんからルミさんやるって言ってますと連絡をいただいて。遅れて合流というかたちで参加してくださいました。ちょうどその時、池松さんと寺沢さんはドラマ『季節のない街』（宮藤官九郎監督）でご一緒されていたようです。池松さんは本作における陰のプロデューサーというか、もう一人の監督と言うべきか、いずれにしても一緒に作った感覚が強いです」

――タクヤ役の越山敬達さんには、どんな演出をされましたか。

「タクヤ役の越山くんと、さくら役の中西さんには台本を渡しませんでした。現場で直前にセリフを口伝えし、調整しながら進めています。意識したのは、例えば『ありがとう』と言ってほしいときに『ありがとう、と言って』というとそのまま口にするだけなので、『お礼を伝えて』みたいな言い方にして、あとは委ねる。一概には言えないのですが、子役の方に台本を渡すと、おそらくご両親から現場を止めないようにしっかりセリフを覚えさせられて、現場で用意スタートと声をかけると同時に再生ボタンを押したように話しだしてしまうことがあり、そこから感情が込められているように自然に見せていくにはとても演出に時間がかかるんです。そうならないためにも、現場で今日は何を撮りますと伝えるようにしています」

――タクヤをすこし吃音にしたのは？

「『ぼくはお日さま』（註：吃音が歌詞のモチーフになっている）という曲に出会って、この曲の〝ぼく〟を主人公にしたら映画により広がりを持たせ、人の優しさを描けると思いました。ただ気軽に取り入れていいのかと悩み、吃音について取材を重ねました。まず日本吃音臨床研究会が主催する吃音親子サマーキャンプというイベントへ参加しました。だいたい一〇〇人に一人と言われている吃音を持っている子たちが、一斉にとあるキャンプ場に集まるんです。日中は山登りなどして、夜になるとディスカッションの時間があり、吃音についてどう思うかなど、議題に合わせて子どもたちが話す。普段は学校の授業でそういった時間があっても話せない子が、その場はみんな吃音で、吃音を持っていない方がマイノリティという空間なので、詰まりながらもとても楽しそうに伸び伸びと話すんです。その時『吃音について理解してほしいとか勉強してほしいというよりも、この喋り方をただほっといてほしいんです

よね』と小学校三年生くらいの女の子が言っていて、素直な意見だと思いました。それには触れる必要がないかの如くただただ普通に接してほしい。その言葉のように、ただ友達として寄り添うような子を、と考えてコウセイ（潤浩）というキャラクターをタクヤのそばに置いたんです」

――さくら役の中西希亜良さんはタクヤが彼女を見てスケートをはじめたいと思う重要な役ですが、スケートリンクに張り紙を貼って募集されたそうですね。

「子どもをそれなりの時間拘束しますし、規定に収まる範囲内で学校を休んで撮影に来てもらうこともあるので、そうなると事務所に所属している方々から選ぶことが基本です。そこでタクヤ、さくら、その友達のコウセイ、ナツコを決めようとオーディションを進めました。男の子はホッケー経験者が多くて、スケート経験者も数人いましたし、その中にタクヤ役の越山くんがいたことはラッキーでした。その後、さくら役探しのために一〇〇人くらい会いました。しかし女の子のスケート経験者はほとんどおらず、お芝居ができる子にスケートを教えようと、イメージに近いスケート未経験者を四人まで絞ってリンクにお呼びして滑っていただいたのですが、その場でこれは無理だと察しました。スケートという競技の難しさから、撮影まで練習を重ねたとしても、なんとか壁に捕まらずに滑れるようになる程度。お芝居ができる子にスケートを教えるよりも、スケートができる子にお芝居を教えた方が早いぞ、と察して、そこから許可が降りたリンクには、「ヒロイン募集中」と言う張り紙を貼ってもらいました。それを見て応募してくれた子たちはオーディションにはもちろん慣れていないので、子役事務所から来た子たちのように大声でハキハキと挨拶するでもなく、何をさせられるんだろうという独特な緊張感に包まれていました。中西さんはお芝居がうまいといった器用さはなかったのですが、放つオーラがさくらとして想像していたものに合っていました。一番良かったのはアイスダンスを既にやっていたことです。さくらの設定年齢の一四歳前後でアイスダンスまで踊ったことがある人は限られているので（中西さんご自身は撮影時一二歳）。中西さんはオリンピックや全日本選手権を目指していく小学生が参加するノービスというクラスの大会にも出場しているレベルでした」

――池松さん演じる荒川コーチがカーステレオで聴いているのは、ヴェルベット・アンダーグラウンドでこんな曲あったっけと思いきや、ハンバートハンバートの佐藤良成さんのオリジナルなんですね。歌っているのも……

「佐藤さんです。英語詞なので海外の歌手を使う話もあったのですが、仮歌を聴いてそのままでお願いしました。そういうことって結構あって、音楽とは関係ないのですが、今回の予告編の声って、ヴァージョンにもよるのですが基本メインで出ているものは予告編エディターが仮入れした声をそのまま使わせてもらっています。本来はナレーターが読み直しますが、編集している人が考えながら書いたことをそのまま読んでもらった方がいい。それは自分で撮影も脚本もしちゃう理由でもありますけど、考えた人ができるならできるところまでやった方がいい」

――この映画の時代設定はとくに物語の中で明示されませんが、現在ではない？

「そうですね。なんとなく現在ではないと伝われば。でも少なくとも美術の方たちが統一性のあるものを用意するためにはスタッフ間の共有事項として具体的に何年かと言う設定が必要で、そうなった時に自分が実際にスケートを習っていた年代にしようと思い、二〇〇一年にしました。その年に公開された映画は『リリイ・シュシュのすべて』（岩井俊二監督）とか、『リトル・ダンサー』（スティーブン・ダルドリー監督／日本公開）。あのあたりの映画が好きなのもあります」

僕（ぼく）の映画

――奥山監督の映画には家族の食卓風景がよく出てきますよね。しかもその場でみんなよく喋ります。

「子どもを描く場合、その親は何をしているのか、親子で何を話しているのか、僕は気になってしまう。そうなると、親との会話って、自分の実体験では基本的には食卓で行われるもので、あとは車を運転している時なんです。家族で車に乗っている時に、助手席に乗る父親と運転している母親がめちゃくちゃ喧嘩してい

るのを後ろでただじーっと聞いているとか。そういう記憶が残っているんです。『僕はイエス様が嫌い』では設定としては母親が車を運転していて、『ぼくのお日さま』でも、さくらの母親が送り迎えで車を運転しながら会話をしています。あとは、子どもでも大人でも、何かをしながらの対話の方がお芝居がうまくいく。『ぼくのお日さま』だと、湖を見ながらタクヤと荒川がただ話すシーンは作りたくなくて、キャッチボールしながら話すようにしました」

――さくらの母親（山田真歩）、そして『僕はイエス様が嫌い』では友人の母親（佐伯日菜子）という、主人公のそばにいる主要人物の母親に共通していると思ったのは、どちらも物語の後半でがらっと展開を変える鍵を握っていますね。

「確かにそうですね（笑）。それは自己分析したことがなかった。母親を描く時は自分の母親の言動が割と反映されている気がします。映画の中でも、先生と話している時は腰が低いのに、車の中では子どもに対して『私、運転手じゃないんだけど』という感じ。大竹しのぶさんで母と息子の対話をワンカットで撮る一〇分く

adidas

奥山大史　インタヴュー

らいの短編映画（『Tokyo 2001/10/21 22:32 ~ 22:41』）を撮ったことがあって、母親が義理のお母さんの悪口をずっと言ってるだけなんですが、まさにそうで。撮った時に楽しかったんです。母親が言っていたことを詰め込んだだけなのに、大竹さんが演じるとそこに意味が生じる。そういえば、山田真歩さんというすごい女優さんがいると教えてくれたのも池松さんです。山田さんの顔がはっきりと映るシーンはないのですが、それはカートゥーンネットワークで子どもが観るアニメに登場する大人が足元しか映らない表現が好きだから。『トムとジェリー』とかがそうですよね。あの抽象性って登場人物の視点にお客さんを重ねられる。その手法をとるとなると声に特徴がある人がいいと思って、山田さんにお願いしました」

――スタンダードサイズ（横縦比1.375:1）で撮る理由は？

「自分で撮影もするだけに、自分で構図がしっくりくるものにしたいというのがあります。三人の関係性がぐっと近くなった収まりや、スケートは顔からスケート靴の刃まで見せる方が魅力的なので縦が長い必要があることから、フィギュアスケートを撮るという意味でもスタンダードサイズにしたかった。16：9（現在主流のワイド）だと、僕の感覚では左右が余って収まりが悪い。あとは二〇〇一年というちょっと昔の時代設定にしているので少しレトロに見せたい。ただ、気を抜くとすぐにただの昔風の映像になってしまうので、新しさも感じる構図にできるようにレンズのミリ数やフィルターを選んでいます」

――〝奥山カラー〟と呼びたくなるような色調が特徴的ですが、色や構図はどこから影響を受け、学んでいますか。

「絵や写真を見るのは好きで、海外映画祭に行かせてもらうと時間を作って美術館へ行くことが多いです。既視感があるものを避けたいので、なるべく映画から影響を受けて画作りはしないようにしています。特にフィルムで撮っている写真家が好きです。ラーシュ・ツンビヨルクというスウェーデンの写真家の構図がかっこいいんですよ。ニューヨークのライアン・マッギンレーは色が好きです。この辺りの知識は、写真家でもある兄から教えてもらいました。あと、構図でいえば

エドワード・ホッパーの絵はアメリカに行った時に現物を見てやはりいいなと思いました。風景の切り取り方がいい。窓の外を見る人物画の、あの横顔を描く感じとか。ロイ・アンダーソンの映画が大好きで、ストックホルムの映画祭に呼ばれた時に制作スタジオを訪ねたことがあります。やっとお会いできた時は、本人はアル中でべろべろだったんですが。その時『ホモ・サピエンスの涙』の撮影中だったようで、セットも見せてもらいました。ホッパーを好きになったのも彼の影響で、それを言ったら、どんどん見た方がいい、自分の作風に近いものに縛られずに、例えばダリとか、長い時間を経ても残っているものを分け隔てなく見ていくといいよとアドバイスされました」

――これまでの長編二作、タイトルに僕（ぼく）がつくのは私小説的意味合いが濃いからでしょうか。

「一作目は特に。あの頃はなぜかインタビューとかであまり話さなかったことですが、プロットの原型とも言えるものを書いたきっかけはテレビマンユニオンの就職試験の時で、エントリーシートが『あなたが嫌いなものを書いてください』というものだったんです。独特な会社だなと思いながら『私はイエス様が嫌い』と書いて。卒業制作撮ろうってなった時にその文章が残っていて、書きはじめたら主人公的に私よりも僕だなと思って書き直したのが一本めの『僕はイエス様が嫌い』です。二本めは『ぼくのお日さま』という曲に出会ったことをきっかけで偶然の一致ですが、ここまできたら三部作と思っちゃうところもありますが、どうですかね（笑）」

――脚本はどれくらいで書き上げたんですか。

「プロットは三ヶ月です。まず二〇二一年の年末に西ヶ谷プロデューサーに薄い企画書を持っていきました。その頃Netflixのドラマ『舞妓さんちのまかないさん』（総合演出：是枝裕和）の冬編撮影があったので、実質プロットを書いたのは二週間くらいです。コロナ禍だったこともあり、その時にはすでに撮りたいものが組み上がっていたんです。池松さんで撮りたい、『ぼくのお日さま』を主題歌にしたい、スケート映画。そうしたら池松さんもハンバートハンバートさんも受け入れていただきました。そこから撮影まで、ほぼ脚本を書き続けています。二〇二三年の二月にインしているので、一年弱。『舞妓〜』で是枝さんと一緒のエピソードを撮っていて、間近で見ていると、是枝さんってすごく差し込むんですよ。つまり撮影直前まで脚本に手を加え続ける。撮影したシーンを踏まえて以降の台詞が変わってくるんです。そのやり方にいい意味でも悪い意味でも影響を受けています（笑）。池松さんに言わせると、僕の台本は普通の尺に対して通常の半分くらいしか厚さがないみたいです。余白ある脚本で、アドリブとか現場で思いついたことを言ってもらうことで補足しています」

――撮影期間は？

「冬ロケは二五日間で、そのうち北海道ロケを一五日、その後岩手のスケートリンクに籠って一〇日撮りました。その二ヶ月後ぐっと人数を減らして五日間、春編を撮っています。フェリーの上がクランクアップでした。春編の頃は池松さんには前日撮影した素材をメッセージで送っていました。こういう画が撮れているので明日のキャッチボールのシーンはこういう風にするのが良さそうです、と送ると、了解でーすと返事がくる。まるで業者に発注しているみたいでした（笑）。そ

していよいよ船の上のシーン。船の上は絶対撮り直しができないと言われていました。当然ですよね、一度乗ったら一七時間乗りっぱなしで、抜けに港が見えていてほしいので、画になる時間はその内たった五分くらいなんです。風がすごかったですが、粘って粘って撮り続けて、オーケーとなった時は感動しましたね。静かで趣あるシーンに観えますが、現場はカオス。クランクアップしてからは船の上で大学生みたいにポテトチップで打ち上げしました」

ぼくのお日さま

監督・撮影・脚本・編集：奥山大史

CAST
越山敬達—タクヤ
中西希亜良—さくら
池松壮亮—荒川
若葉竜也—五十嵐
山田真歩—真歩
潤浩—コウセイ

音楽：佐藤良成（ハンバートハンバート）
主題歌：ハンバート ハンバート「ぼくのお日さま」
製作：渡部秀一
太田和宏
プロデューサー：西ヶ谷寿一
西宮由貴
Coプロデューサー：澤田正道
ラインプロデューサー：堀慎太郎
照明：西ヶ谷弘樹
録音：柳田耕佑
美術：安宅紀史
装飾：松井今日子
衣装：纐纈春樹
ヘアメイク：寺沢ルミ
杉山裕美子
編集：Tina Baz
リレコーディングミキサー：浜田洋輔
音響効果：勝亦さくら
助監督：久保朝洋
スケート監修：森望
制作担当：渡辺美穂
製作：「ぼくのお日さま」製作委員会
製作幹事：朝日新聞社

企画・製作・配給：東京テアトル
共同製作：COMME DES CINÉMAS
制作プロダクション：RIKIプロジェクト
助成：文化庁文化芸術振興費補助金
独立行政法人日本芸術文化振興会

9月6日（金）〜9月8日（日）
テアトル新宿、TOHOシネマズシャンテにて3日間限定先行公開
9月13日（金）より全国公開

日本／2024／90 min.／スタンダード

ぼくのお日さま　コメント

越山敬達

Keitatsu Koshiyama

タクヤ役を演じさせていただきました、越山敬達です。「ぼくのお日さま」は、僕にとって初の主演映画だったので、クランクインした時はこれまでにないほど緊張していました。ですが、すごく明るい現場で、キャストの皆さんやスタッフさんも優しい方ばかりだったので、一瞬で馴染めたし、撮影期間もあっという間に過ぎていきました。スケートをしながら何テイクも重ねたことは大変でしたがそれが報われる素敵な映像になっています。僕にとって「ぼくのお日さま」という作品が忘れられないように、皆さんにとってもきっと忘れられない作品になると思います！　是非劇場に足を運んでみてください!!

2009年4月21日、東京都生まれ。ドラマ「天狗の台所」（23/BS-TBS）オン役で初めて連続ドラマのメインキャストを務めた。俳優と並行して、EBiDANの研究生「EBiDAN NEXT」としてアーティスト活動も行う。映画出演作に『スイート・マイホーム』（23）、『かぞく』（23）などがあり、本作が映画初主演となり、4歳の頃から習っていたスケートを披露している。

中西希亜良

Kiara Nakanishi

こんなすてきな作品に参加できて、本当に幸せで、ありがたくて、今でも信じられない気持ちです。演技もはじめてで緊張しましたが、奥山監督や池松さん、越山くん、そしてスタッフのみなさんがいつも助けてくれました。でもその分、スケートでは誰よりも頑張ろうと撮影に臨みました。とっても寒い冬の撮影現場でも、いつも心はあったかくて、この映画はそんな気持ちにさせてくれる作品だと感じています。たくさんの方に観ていただけたら嬉しいです。

2011年6月16日、東京都生まれ。演技は本作が初となり、4歳から現在まで習っているフィギュアスケートを披露している。特技は、ダンス、語学（英語、フランス語、韓国語）など。

池松壮亮

Sosuke Ikematsu

1990年7月9日、福岡県生まれ。2003年『ラストサムライ』で映画デビュー。以降、映画を中心に多くの作品に出演し、主演男優賞、助演男優賞では多数の映画賞を受賞。21年は『アジアの天使』で第20回ニューヨーク・アジアン映画祭ライジングスター・アジア賞を受賞。主な映画出演作に『夜空はいつでも最高密度の青色だ』(17)、『斬、』(18)、『宮本から君へ』(19)、『ちょっと思い出しただけ』(22)、『シン・仮面ライダー』(23)、『せかいのおきく』(23)、『愛にイナズマ』(23)、『白鍵と黒鍵の間に』(23)など。

奥山大史という凄まじい才能に出会い、対話を繰り返し、共感し合い、共犯できた全ての時間に感謝しています。この世界の光の粒のような二人の才能に出会えたことにも感謝しています。今作を共に創り上げたスタッフキャストと共に、この素晴らしい作品を届けることができることを幸せに思います。この世界の雪解けを予感させてくれるような、あまりにもピュアで、心に響く映画になりました。是非楽しみにしていてください。

1998年結成、佐藤良成と佐野遊穂によるデュオ。2人ともがメインボーカルを担当し、フォーク、カントリーなどをルーツにした楽曲と、別れやコンプレックスをテーマにした独自の詞の世界は幅広い年齢層から支持を集める。テレビ・映画・CMなどへの楽曲提供も多数。2023年に結成25周年イヤーを迎えた。

ハンバート ハンバート

Humbert Humbert

佐藤良成

奥山監督から最初手紙をいただきました。今作ろうとしている映画は、私の曲の中の「ぼく」から物語がふくらんだもので、主題歌にもその曲「ぼくのお日さま」を使いたいと。脚本や前作も拝見して、彼と是非仕事したいと思い快諾しました。出来上がった作品は、どのシーンのどのカットも実に美しい光と色で、こんな絵を撮る奥山監督は恐ろしい人だなと思います。自分の曲がこんなにも素晴らしい映画となって生まれ変わるなんて、本当に幸せです。

佐野遊穂

とにかく映像の美しさが印象的でした。どこを切り取っても儚さが漂っていて、監督のキャラクターがそこに一番現れてるように感じました。この楽曲の「ぼく」や、タクヤ、荒川コーチ、それぞれに小さな救いがあったように、この映画がまた誰かのお日さまになれれば嬉しい事だと思います。

HAPPYEND

空音央

Neo Sora

米国生まれ、日米育ち。ニューヨークと東京をベースに映像作家、アーティスト、そして翻訳家として活動している。これまでに短編映画、ドキュメンタリー、PV、アート作品、コンサートフィルムなどを監督。個人での活動と並行してアーティストグループZakkubalanの一人として、写真と映画を交差するインスタレーションやビデオアート作品を制作。2020年、志賀直哉の短編小説をベースにした監督短編作品「The Chicken」がロカルノ国際映画祭で世界初上映したのち、ニューヨーク映画祭など、名だたる映画祭で上映される。今年公開された坂本龍一のコンサートドキュメンタリー映画『Ryuichi Sakamoto | Opus』では、ピアノ演奏のみのシンプルかつストイックな演出ながらヴェネツィア国際映画祭でのワールドプレミア以降、山形、釜山、ニューヨーク、ロンドン、東京と世界中の映画祭で上映、絶賛された。本作が満を持しての長編劇映画デビュー作となる。

高校卒業間近のある晩、学校にこっそり忍び込み、とんでもないいたずらを仕掛けるユウタとコウ。翌日それを発見した校長は激昂し、学校に生徒を監視するAIシステムを導入する騒ぎに発展する。大親友だった二人は、この事件をきっかけに、コウはそれまで蓄積していた自身のアイデンティティと社会に対する違和感について考えるようになる。一方、変わらず仲間と遊んでいたいユウタ。やがて二人の関係はぎくしゃくしはじめ…。

コンサートドキュメンタリー映画「Ryuichi Sakamoto | Opus」で注目を集めた空音央監督の長編劇映画デビュー作は、まさかの青春映画だった。といっても昨今よくある日本映画のそれとは趣が違う。舞台も日本なのに日本じゃないような、でも日本という舞台が活かされた、誰も観たことがない青春映画になっている。〝友情〟や〝学校内での事件〟や〝反体制〟を素材にした海外の不良映画を思い起こす映画ファンもいるかもしれない。その系譜をふまえ、〝学校外での事件〟にも敷衍させた本作には、半永久的なトラウマやイノセンスが宿っている。つまり、これぞ真の青春映画なのだ。

空音央　インタヴュー

不良映画と地震

――脚本を書くのに七年かけられたようですが、この物語はどうやって思いついたんですか。

「最初は、不良映画みたいなものをいずれはやりたいと考えていて、それはなぜかと言うと、ニコラス・レイ監督の『理由なき反抗』（一九五五）や、台湾ニューシネマの青春映画の不良ものがめちゃくちゃ好きだったからです。エドワード・ヤン監督の『牯嶺街（クーリンチェ）少年殺人事件』（一九九一）もそうですし、ホウ・シャオシェン監督の『風櫃《フンクイ》の少年』（一九八三）、ツァイ・ミンリャン監督の『青春神話』（一九九二）とかですね。それで僕自身の高校時代を振り返ってみると、友達とグループでいたのですが、その中でも二人の友人が背が高くて、歩くのが早くて、僕はその二人を後ろから見ていたんです。その印象がなんとなくずっと頭にあり、二人の主人公というのが、漠然とありました。それが一つ。もう一つは、よく言われる数十年以内に大地震がくるみたいなファクトに何度か接するうちに思いついたのですが、その数十年後にもし地震がきていなかったら、プレートにはどんどん圧力がかかっていくので、それが今にもはじける状態になったらどういう社会になっているんだろうという思考実験のようなもの。この二つがたまたまバチッと合った日があったんです。これだ！　この二つを合わせてみよう、と。そのベースができたら、そこまでに感じていた政治性や、友人関係について投影しはじめました」

――学校をメインの舞台にしたのは？

「不良映画のイメージもありますが、題材として自分の高校と大学時代をベースにしながら友情を中心に置くと、学校という状況設定は自ずと出てきました。これは実は意図していなかったのですが、最終的に学校の中の社会みたいなものが、アナロジーとして実社会を反映させるような感じになってはいます。でもそれは安直だとも思うので、わかりやすくそうはしたくなかったんです。だから、反映はさせているけど、アナロジーとして象徴させているはずの学校の外にも登場人物たちが出ていくのを組み込みたかったのでそうしています。ただ、脚本の書き始めはだいぶ違うアイデ

アで、もっとSFぽくて、地震がきそうだから革命グループに参加して山へこもるという話もあったんです。でも書いていくうちに、友情関係に核を絞り込んでいくプロセスを経て、今の段階に落ち着きました」

――撮影期間はどれくらいですか。

「結構長くて、二八日から三〇日くらいです」

――ロケ地は？

「ほぼ神戸です。テレビに映った総理大臣のシーンだけ東京で撮りました」

――神戸にした理由は？

「フィルムコミッション（註：地域活性化を目的とし、映像作品のロケーション撮影が円滑に行われるための支援を行う公的団体）がすごく受け入れてくれたんです。やはり東京は撮りにくいみたいなので、いろんな街のフィルムコミッションや風景を見に行きました。もともとは東京で想定していて、建造物のイメージは自分の中でも崩せなかったのですが、一番それに近いのが神戸でした。わりと小さいコンパクトな街の中に、いろんな風景が存在するから、撮影がしやすいし、道路も大々的に撮れるのもよかった。神戸で撮影をしはじめてからは、日本の名前のない都市として、ゴッサム的（註：DCコミックの『バットマン』などに登場する架空の都市の名称）な感じに仕立て上げていきました」

――あと、この映画は、日本映画では稀なのですが、クラブの場面の生っぽい描写がすばらしい。これまでの日本映画のクラブシーンはとにかくダサいものが多かったので。

「なぜでしょうね。僕も、これを作った人はクラブに行ったことがないんだろうなという描写の日本映画しかこれまで観たことがなかったです。僕はクラブっていう空間、音楽を聴きに行くいわゆる『音箱』が、本当に好きなので大事に描きました」

理論と直感

――主演のユウタ役とコウ役、栗原颯人さんと日高由起刀さんはどういった経緯で選ばれたのですか。背の高い二人のイメージに合っていたから？

「もちろんそれだけではありません。たまたま同じくらいの身長でよかったのですが、まずキャラクターを

体現しているかどうかで決めました。全キャラクター、かなりオーディションをして、入念にキャスティングしました。でもなかなか当たらないもので、全然違うんだよなと思うことがほとんどだったのですが、颯人と由起刀がオーディションの場に入ってきた瞬間に（指を鳴らして）彼らだ！ってなりました。もちろん演技力もチェックするのですが、二人はすごく自然な演技を最初からしてくれたんです。モデルだからレンズの前に立つということは慣れているし、演技経験がないのがかえってよくて、気負いなく台詞を言ってくれる。この人！て思った人が、幸いなことにそうだった。全キャラクター、そういう選び方をしています。一目惚れというか、一瞬でビビッとくる人に決めました」

――ミン役のシナ・ペンさんは演技経験あったのですか？

「彼女もないですね。本職は写真家としてかなり注目されている人です。ミン役の人が全然見つからなくて、ニューヨークにいる友人に誰かいい人いないかってメッセージを送って、キャラクターを説明したら、その友人は雑誌を作っているアートディレクターなのですが、ちょうどアシスタントとして、日本で育った台湾系の人で性格も合ってる子がいるよって教えてくれて、今すぐ会いたいからってニューヨークへ行って会いました。カフェで待ち合わせたのですが、会った瞬間この人しかいないと思いました」

――空監督は、理論と直感が共存していて面白いですね。

「理論的に、だいたい直感は正しいと理解しています（笑）」

――中島歩さんのキャスティングが絶妙です。

「『偶然と想像』（濱口竜介監督／二〇二一）の中島さんが本当に好きだったんです。ああいう存在感と顔と喋り方の人って、なかなかいない。結構最初のほうで教師の岡田役に決めました」

――細かいのですが、岡田がデモに生徒を連れ出したことで、校長や警察に呼び出された時に、自分たちなりに主張しようとする生徒を制する時の岡田先生の怒鳴るような声量って、監督の演出なのでしょうか。過剰なようで説得力があり、ハッとするシーンでした。

「演出です。中島さんと話し合って、大人として、リスクが見えていない彼らを止めるという演出としてやっていただきました」

――空監督は細かく演出されるほうですか。

「僕の場合、よくないなと思いつつ、まずは的があるんです。でもどうしてもうまくいかない時もよくあるので、そういう時はいかにその的を捨てられるかというのも意識しています。今回は準備期間も長くとれたので、メインの五人に関しては、インする二ヶ月前くらいから、シナだけニューヨークにいたのでZOOM上で全員自己紹介しあったり、インの一ヶ月前くらいにシナが日本に来て、ワークショップをして、インの三日前にはロケーションを五人でまわって、実際の場所でリハーサルをするプロセスを経ています。なるべく自然体を引き出すために、細かい演出は避けようとも思ったのですが、撮影の途中からいけるとわかったので、必要な場面はそうしました」

――林裕太さんは演技経験が豊富ですよね。陰ながらグループを引っ張っている存在のように見えました。

「それは実際にもそうで、林裕太が演技経験者なので、五人の仲間がみんな林君に訊けたりするし、全員自主的に撮影後にホテルに早く帰ってホン読みをしていたりして、すばらしいなと思いました。それだけみんな一緒にいるのが楽しかったんだと思います」

――役を超えて本人たちも相性が良かったんですね。

「めちゃくちゃ良かったみたいです。メインの二人はこれから実際にシェアハウスで一緒に住むって言ってました」

――同じくとても重要なフミ役の祷キララさんにはどう演出されたのでしょうか。

「経験もあり、プロだし、わりと細かく訊いてもくるし、自分の中で納得しないと自然に出せないタイプでもあるので、時間をかけて説明したり試してみたりしました。それだけ彼女は存在感がありますね」

――存在感といえば、ユウタのアルバイト先の楽器店の店長はプロのDJの方かと思いましたが……

「小高えいぎさんという役者さんなんです。最初は本当のミュージシャンを起用しようとして、無愛想だけど、見た目によらずライブをはじめたらものすごくパッションのあるパフォーマンスができる人を探してい

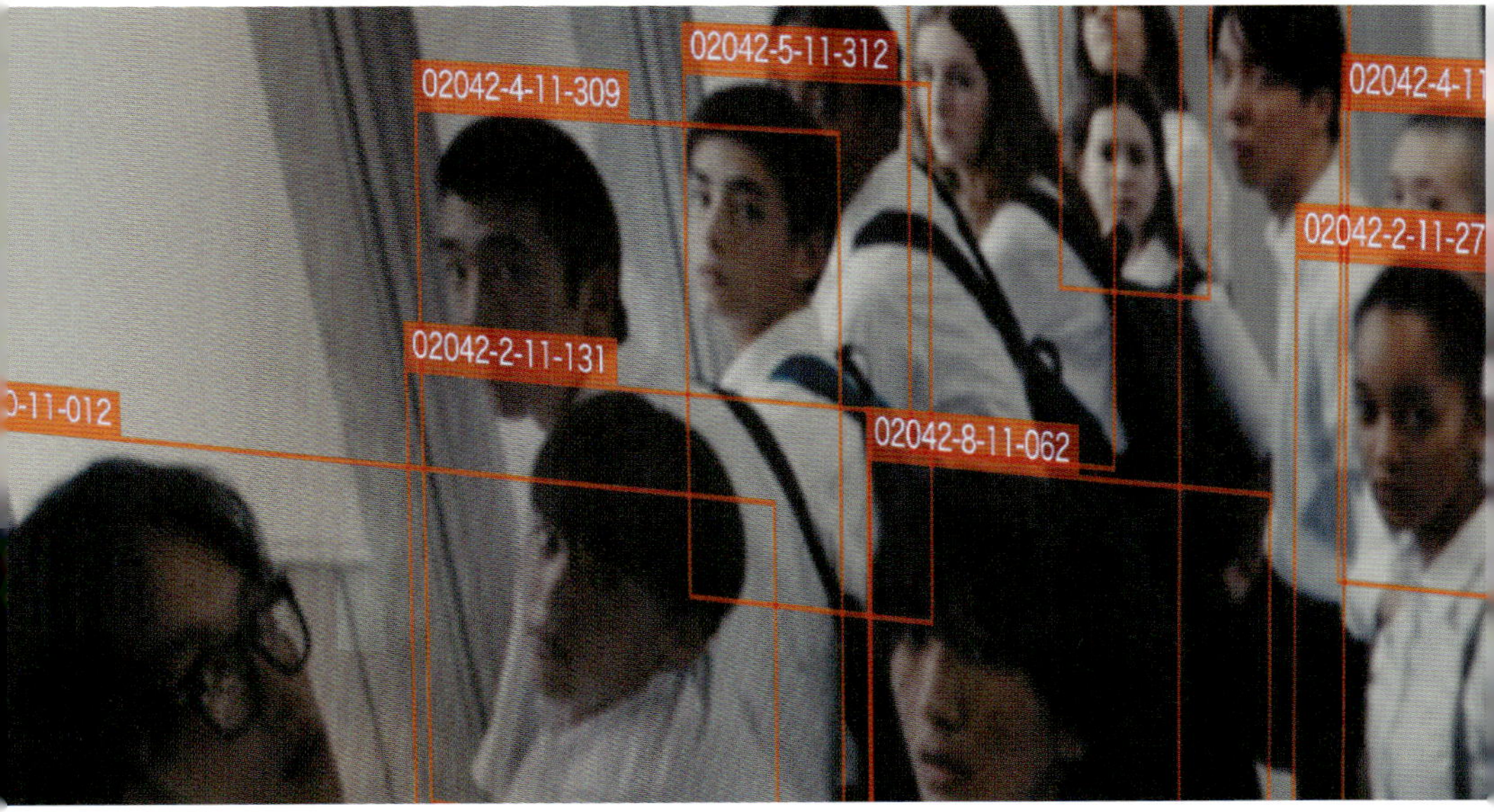

ました。でも見つからなかったので、パフォームすることを生業としている役者さんで探したら、小高さんがいい感じじゃないかとなり、お願いしました。一日〜二日だけDJのやり方を学んでもらっただけです」

ユーモアと怒り

――監督は、ユーモアの感覚も重要視されていますね。アテレコの遊びのようなアイデアはどこから？　シリアスなシーンであえて使っていますね。

「あれはプロデューサーの増渕とアルバートと、みんなで考えたものです。ユーモアに関しては、めちゃくちゃ大事だと思っています。僕が大好きなジャック・タチ、そしてエドワード・ヤンもユーモアがある。映画の中にライトネスみたいなものがある方が、感情の深みにもつながっていくし、単純に人生って面白いって思いたいから（笑）。本当に悲惨なことが毎日起きている世界の中でも、ユーモアって絶対にあるし、それを拾っていくのが自分の性格でもあるし、それが人生じゃないかなと思うんです」

——空監督にとって、ほかにもリファレンスになった映画があれば教えてください。

「エルンスト・ルビッチの『生活の設計』（一九三三）です。パリを舞台に二人の男性と一人の女性の三角関係を描いたコメディ。それから僕にとって永遠のリファレンスとして存在するのが、ライナー・ベルナー・ファスビンダー監督の『マリア・ブラウンの結婚』（一九七九）ですね。あとは繰り返しになりますが、ジャック・タチと台湾映画、中でもエドワード・ヤンは自分の中で確固たるものとしてあります」

——映画の構造についても伺いたいのですが、『HAPPYEND』ははじまって三分の一のタイミングで「監視システム導入」、三分の二で「校長室突入・座り込み」、と大きな展開があるように見えますが、序破急への意識はありましたか。

「実は今回、起承転結にしてみました」

——え？　そうなんですか。

「そうですね。起承転結に当てはめていったところはあります。地震の誤報がくるところまでが〝起〟。コウがユウタへ『お前少しは音楽以外のこと考えねえのか』と言ってクラブを出ていくところまでが〝承〟の終わり。〝転〟はユウタの告白のところまでで、〝結〟がそこからエンディングまで。でもこんなに事細かく作っていたことは、あまりばらしたくないです（笑）」

——今おっしゃったように、映画の中間地点で、コウがユウタに対して「考えねえのか」と言ったシーンのあとに、デモのエピソードを挟んで、今度はコウの母がコウに対して「あんたちゃんと考えたことある？」と言います。コウが親友に対して放った言葉がブーメランのように自分にも返ってくる。コウもユウタ同様に考えていなかった……

「そこは少しニュアンスが違います。コウは日本に生きている在日コリアンとして理論的にとか、言語的には説明でききれていなかったけれども、生きているうちに感じているフラストレーションや社会構造への怒りは感じています。自分がムカついているのはなんでなのか、うまく伝えられないけど、フミに会ってはじめてそれを言語化してくれる人が現れて、それが好意につながって、そうなりたいと憧れを持ったんです。だからコウの視点からすると、ユウタは、いいお家にも

住んでいて、コウが毎日接さざるをえない人を分類する構造上の差別を感じずに生きられるから、何も考えなくていい。だけどコウは感じざるを得ないから考えなきゃいけない、っていうのに怒りを持ったんです。だからコウは考えていなかったというよりは、言葉にはできていなかったけど感じてはいたのだと思います」

――コウの母親役のPUSHIMさんは演技経験があったのでしょうか。肝が据わっていて自然な立ち振る舞いでした。

「PV以外はないと言っていました。キャスティングの髙野力哉さんが提示してくれて、プロデューサーの増渕はレゲエ好きなので知っていて、僕は知らなかったのですが、いろいろ読んだり音楽聴いたり写真を見たりしていくうちにこの人しかいないと思い、会ってみると、やはりこの人だなとなりました。PUSHIMさんはジャマイカとのミックスのお子さんがいらっしゃって、ご自身は在日韓国人三世として深く人生経験としてご自身のアイデンティティについて考えてもいるし、発信もしてきている。映画の趣旨を深いところで理解してくれていたんじゃないかと思います」

——母親といえば、先ほどのデモに参加したコウとフミが校長室でしぼられている時に、二人の母親が校長室に入ってきましたね。一方の母親と、もう一方の母親の、先生や警察に対する態度が真反対で面白い。空監督はワンシーンの中で対比を確信犯的に描いています。対比といえば、ユウタが楽器店にアルバイトの面接にきた時、外ではデモで暴動が起きているシーンにしても、一瞬の画面に映っている情報が濃い。

「デモのシーンも撮るはずだったんです。コウが実際にデモに行って、結構な時間をそこに割く予定だったんですけど、予算の関係で撮れなかった。だけどそれは正解だったと思います。コウが去っていく中間地点から、ユウタの視点にばさっと変わるんです。ユウタはコウがどこに行っているのか見ていないので、その視点に振り切って寄り添うのは正しい選択でした」

——劇中で登場人物が歌う岡林信康の『くそくらえ節』はもともとお好きだったのですか。

「もともとは知らなくて、随分前にプロデューサーの増渕が、あの曲を昔の映画（註：森﨑東監督『喜劇女は度胸』一九六九）の中で合唱しているシーンを観せてくれて、ああいいなと思って定期的に口ずさむようになって、やっぱりこの映画にも入れようとなっていきました。プロデューサーの増渕が、大勢で合唱するシーンって映画的だよねと言っていたのですが、僕も本当にそう思うんですよ。それと似たようなことがしたいという思いがありました。これも対比ですが、運動家の人たちが『くそくらえ節』を歌っている中にコウが紛れていて楽しそうにしている時、ユウタたちは静かなクラブにいる。そういうシーンを作りたくて、そこに入れ込みました。さらにその後にも『くそくらえ節』は活きてきます。あと、これはちょっと不思議な話があって、今、僕はよくデモに参加するのですが、この間、防衛省がイスラエル製ドローン輸入を検討しているのを止めてくれというデモに行ったのですが、その運動の仲間の一人が、マグロ漁船に乗っちゃうのでお別れ会をしたら、そこで運動に参加している若い学生の子が『くそくらえ節』を歌い始めて、自分が映画で作ったシーンがまさかの現実になってしまったんです（笑）」

MOSTRA INTERNAZIONALE
D'ARTE CINEMATOGRAFICA
LA BIENNALE DI VENEZIA 2024
Official Selection
第81回
ヴェネツィア国際映画祭
オリゾンティ・コンペティション部門正式出品
世界は変わっていくんだよ
HAPPYEND
ありえるかもしれない未来を舞台に描く青春映画の新たなる金字塔
監督・脚本　空 音央
栗原 颯人　日高 由起刀　林 裕太　シナ・ペン　ARAZI　祷 キララ　中島 歩　矢作 マサル　PUSHIM　渡辺 真起子 ／ 佐野 史郎
Cinema Inutile　ZAKKUBALAN　シネリック・クリエイティブ　Cinema Inutile　K-GARAGE　SONS OF RIGOR FILMS　SPARK FEATURES　PURPLE TREE CONTENT　GIRAFFE PICTURES
ビターズ・エンド　© 2024 Music Research Club LLC

HAPPYEND

監督・脚本：空音央

CAST
栗原颯人―ユウタ
日高由起刀―コウ
林裕太―アタちゃん
シナ・ペン―ミン
ARAZI―トム
祷キララ―フミ
中島歩―岡田先生
矢作マサル―校長秘書・平
渡辺真起子―ユウタの母・陽子
PUSHIM―コウの母・福子
佐野史郎―長井校長

プロデューサー：アルバート・トーレン、
増渕愛子、エリック・ニアリ、
アレックス・ロー アンソニー・チェン
製作・制作：ZAKKUBALAN、
シネリック・クリエイティブ、
Cinema Inutile

撮影：ビル・キルスタイン
美術：安宅紀史
編集：アルバート・トーレン
音楽：リア・オユヤン・ルスリ
キャスティングディレクター：高野力哉
チーフ助監督：熊野桂太
照明：金子康博
衣裳チーフ：栗田珠似
ヘアメイク：平林純子
録音技師：滝澤修
サウンドスーパーバイザー：野村みき
サウンドデザイナー：大保達哉

配給・宣伝　ビターズ・エンド

10月4日（金）　新宿ピカデリー、
ヒューマントラストシネマ渋谷ほか全国公開

日本・アメリカ / 2024 / 113 min. / 1.85:1

©松本 テス 彩乃

栗原颯人×日高由起刀　インタヴュー

写真右

栗原颯人

Hayato Kurihara

1999年12月29日生まれ、新潟県出身。抜群のスタイルを活かしモデルとして活躍。多数のCMやMVにも出演中。オーディションで大抜擢され、本作でスクリーンデビューを果たす。特技はボクシングと卓球。

写真左

日高由起刀

Yukito Hidaka

2003年9月30日生まれ、大阪府出身。韓国語が堪能で、日本と韓国の2拠点でモデルとして活躍中。演技未経験ながら本作のオーディションで大抜擢され、スクリーンデビューを果たす。特技は陸上。

思い起こすと、この二人への取材は、映画『HAPPY END』のスピンオフを観ているようだった。映画の撮影後、実際に一緒に暮らしているほど仲の良い彼らは、お互いが話すタイミングも心得ていて、まさに阿吽の呼吸。彼らと実際に会う前に、空監督へ取材していた時、「こんど栗原さんと日高さんに取材するんですよ」と言った時の空監督の笑顔が忘れられない。それほどに彼ら二人が並んでいる佇まいは微笑ましいものなのだ。お互いを刺激し合い高めあえる関係を、彼らはこれからどう育ててゆくのだろうか。

——空監督はオーディションでお二人を見た瞬間に主演はこの人だ、と思ったそうですね。

栗原「ユウタの役は、設定が僕の実体験と近かったんです。シングルマザーで、音楽はテクノが好きで、僕に似ていると思っていました。オーディションで役をいただいた時に、(空)音央さんから『この人しかいないと思ったんだよね』と言われた時はうれしかったです」

日高「七年間、脚本を書かれていたと聞いていましたし、ご自身が生きてきた人生や、人との関わり、社会の状況を詰め込んだ、音央さんにとって大事な物語を代表する人物として、ビビッときたと言っていただけた時は、人からそう言っていただけることはなかなかないことだと思うので、光栄でした」

——日高さんはコウというキャラクターについてどう思われましたか。

日高「コウがそうだったように、当時『このままじゃいけない』と現状に対して自分も思っていたので役には入りやすかったです」

——お二人は演技初体験ですよね。空監督は、演技経験がないのがかえってよくて、気負いなく台詞を言ってくれた、とおっしゃっていました。

栗原「自分がこの台詞を言った時にどういう影響が出るのかという想像を膨らませながら読んでいっても、実際にやってみると違ったりするんです。俳優として当たり前にできるようになっていかないといけない技術として、次第に心の動きについて考えるようになりました。それを実際に撮影現場でやってみて、小さなモニターで観た時に、ああ、映画だという感動もあり、すべてが新鮮でした。現場の中でも、ほかにも演技未経験者がいたので、みんなで集まってホン読みしたり、助け合いながら勉強していました。はじめてのことが多すぎて頭が追いつかないと思っていた最初の頃、ワークショップ中に音央さんが『作品が終わった後、みんなは絶対に親友になるから』と話してくれたのですが、本当にその通りになって、いい意味で緊張がほぐれましたし、愛のある現場だと感じていました。音央さん自身愛を持っている方だから、それがみんなに伝わって気持ちが繋がっていったんだと思います」

——監督は愛情深くもありますが、作品に対してとても緻密に組み立てる方でもありますよね。

日高「そうですね。ペンを置く角度まで画角を調整されていました。編集も回数を重ねて、何百回も観たと聞きました」

——完成した作品を観てどう思われましたか。

栗原「僕は普段泣かないのですが、映画が終わったあとにすごく泣きました(笑)。泣かないと決めていたのに、観終わって音央さんとハグした瞬間に、ぶわっと涙が出てきました」

日高「音央さんがやりたいことや作りたいものはそれまでのコミュニケーションで頭の中に入っていたのですが、いざ完成したものを観ると、ああ、こういうものを作り上げたんだなという感慨深い気持ちになりました。携われたことを誇りに思います。撮影に入る前に、『鶏／The Chicken』と『アメガラス』という音央さんが作った短編映画を拝見して、そこで感じた音央さんらしさとして、ストーリーで直接的に伝える以上に、観終わったあとに考えさせられるような作品だと思ったんです。『HAPPYEND』を観終わったあとも二人で話し合ったり、感じたことを共有しました」

栗原「『HAPPYEND』を観て、共有できた気持ちのひとつに〝懐かしさ〟があります。僕らに限らず、いろんな人が、同じ出来事を経験してきたわけではなくても、自分の経験と照らし合わせて、懐かしさを感じるんだろうなと思います」

——栗原さんと日高さん、お互いについて話してください。

日高「僕たちは今、実際に今月から一緒に住んでいるんです。それくらい作品を通して仲良くなりました。僕らはお互いのことをよく話すのですが、意外と友達でも、あんまり自分のこと、自分たちのことを話さないんですよ。少なくとも僕は、これまでこんなに友達と話をすることはなかった。このあいだも朝の五時くらいまで話したよね（笑）。内容はすっかすかなんですけど。彼は変なところにこだわる癖があって。一五分コンビニ行くのに外出する時も、『エアコン消した？』と言ってきたり。つけっぱなしの方がいいっていうじゃないですか」

――最近の説では、日中なら三〇分程度ならエアコンはつけっぱなしのほうが電気代は安いらしいです。それ以上の外出なら消した方がいいみたいですよ。

日高「そうなんですね……あ！　今日エアコン消してきた？」

栗原「うん、消してきたよ（笑）」

日高「まあこういう感じで（笑）」

栗原「お互いに中身一〇〇％剥き出しで喋っています」

日高「ただ、俳優を経験してから、日常生活の中で、ふとこのシーンを作品で使いたいという瞬間に出会うことがあるんです。渋谷から自転車で二人で家まで帰っていて、夕陽が綺麗な時とか、マジでいつもありがとねーとか」

栗原「友達っていいよなー、大好きだよー、とか」

――ユウタとコウまんまだ（笑）。

日高「映画のワンシーン一つひとつに思い入れがありますし、それを日常生活でふと感じることがあるんです。僕は年齢が四つ下ということもあり、彼は考え方が大人で、僕に足りないことを言ってくれる。仕事で同じスタートをきって、ずっと見てきたのもあるので尊敬できるところは多いです」

栗原「オーディションで出会って、四つ下なんだと思いました。僕らくらいの年齢だと、四歳差はまあまあ大きいんです。大学もかぶらないくらいの歳じゃないですか。だから、同じものを持っていると初対面から感じたのですが、最初はなかなかお互い切り出せないというか、構えている部分があって、ワークショップで会う時間を重ねるごとにぎゅっと距離が縮まって、一気に仲良くなりました。彼は歳下だけど大人な部分もありますし、言語化能力が高くて、お互いにないもの

を補い合っているところもあり、尊敬しています」

日高「ルックスも真反対ですし、仕事する上ではあまり共通する部分は多くないと思うのですが、だからこそバランスがとれていると感じます」

――お話を伺っていると、実際の栗原さんと日高さんは、映画でいえばユウタとコウの関係よりも、コウとフミの関係に近い気もしています。自分の中で抱えてきたものを、ようやくわかりあえたり、補い合えたりする人に会えたという感覚。

日高「僕自身、自分が持っていないものを持っている人に惹かれる性格なんです。当時撮影していた時は一九歳なので、ついこの前まで高校生だったような歳頃で、高校時代にも友達はいたのですが、同年代の男友達だとプライドが邪魔をして感情を剥き出しにできなかったんです。友達としての愛情表現もありますが、他人の幸せを自分のことのように喜べる相手ははじめてでした。僕らが演じたのはユウタとコウではありますが、そこはコウとフミに通じるものはあります」

――空監督はお二人のことをピュアな人たち、とおっしゃっていましたよ。

日高「ピュアでいられる環境作りをしてくださったんだと思います」

栗原「撮影に行くのが、登校するような感覚でした(笑)」

――お二人以外にも演技未経験者を起用していることも含め、本作はキャスティングが独特です。そこで共演者についてお話を伺いたいのですが、まず栗原さんから、友達グループの役の林裕太さん、シナ・ペンさん、ARAZIさん、そしてお母さん役の渡辺真起子さんについて。林さんは演技経験が豊富なんですよね。

栗原「彼は唯一仲間五人の中で演技経験者でしたので、学ぶことが多かったです。演技もそうだし、現場での立ち振る舞いも。一つ下なんですが、中身ができすぎていて(笑)、尊敬できる友達であり先輩です。彼のことをみんなユーチャンって呼んでいるのですが、夜に集まってホン読みする時も、ユーチャンに相談すると的確な答えがいつも返ってきていました。シナは活発で繊細。パワフルなんですが、他人の細かい心の動きまでわかってくれる、優しい子です。ニューヨークも拠点にしているからか、いい意味でストレートな表現をすることもあります」

日高「ニューヨーク関西人(笑)」

栗原「常に愛のある言葉をかけてくれる写真家(シナ・ペンの本職)です。ARAZI(アラージ)は当時モデル事務所の後輩だったんです。いざ本人に会ってみると、すごくまっすぐな人でした。恥ずかしがり屋でもあり、自分を曝け出さないけれど、僕らを一番客観的に見ているタイプ」

日高「日常生活でも、だいたい五人とも映画の中の役どおりのキャラクターなんです」

栗原「真起子さんにはすごく驚かされました。僕の実の母親とすごく重なるんです。校長室で謝ったあと、引きで僕(ユウタ)と母親が二人で歩いているシーンがあって、あのシーンでの演技に、『あ、母ちゃんだ』と本当にそこに自分の母親がいる感情になって、カットがかかった瞬間に僕はボロ泣きしちゃったんです(笑)。真起子さんに、どうすればいいかわからなくなりました、と伝えたら、どうしたらいいかわからないようにしたんだよ、っておっしゃって、流石だなと思いました」

――ユウタの家へみんなが集まって寝ている時に、突然母親が帰ってきたシーンでのさりげない振る舞いもすばらしかった。

日高「ワンシーンだけを観て、説明しなくても、観客がその背景にあるエピソードを自分で想像できるような作り方は、音央さんらしいです」

――では日高さん、フミ役の祷キララさん、岡田先生役の中島歩さん、お母さん役のPUSHIMさん、校長役の佐野史郎さんについてお聞かせください。

日高「キララちゃんは、ものすごく柔かい人で、笑顔が仏のようでした。演技経験も豊富で学ぶところは多いですし、僕らのいいところを誉めてくれたり、一緒に演技しやすい状況を作ってくれました。カメラがまわった瞬間から、別格の存在感で、自分もがんばらないと、というきっかけになりました。中島さんは、本当にかっこ良くて、声も好きです。ある昼休みに、撮り終えたシーンの冒頭一〇分を音央さんたちがモニターで観せてくれたことがあったんです。そこで自分たちが画面に映っているのをはじめて観たのですが、中島さんが『人生でこんな瞬間に立ち会えた俺は幸せだよ』とおっしゃって、俺たちって今そういう瞬間なんだと思いました。クラスメイト役の子たちも、中島さんを本当の先生みたいに慕っていました。PUSHIMさんは、面倒見がよくて、視野も広く、他人に影響を与えたり人の人生を変えるようなアーティストでもあるので、役だけではなく、僕はママって呼んでいます。刺激になりますし、会話の波長を合わせてくださったので、コウが母親にあたるシーンでも、懐に入りやすい空気を作ってくださいました。佐野史郎さんは、すごく面白い方で、沢山お仕事をされているからこそ良い刺激をいただきました。現場で芝居を観ていても、こちらが映画を観ているような気分になるくらい自然な演技をされているのに、もう一度やらせてほしいとおっしゃっているのを観て、背筋が伸びました」

栗原「佐野さんは、ご自身で音楽もやられていたり、写真も撮られていますよね。演技をされていても、ふだんお話ししていても、言葉に厚みや重みを感じて勉強になりました」

――映画のモチーフである友情について、映画の役柄だけでなく、実際に親友になられた二人はどう思

われますか。

栗原「僕と由起刀は会って二年くらいですが、それまで彼は陸上一本でずっとストイックにやり続けていて、僕はいろんなことをかいつまみながらやってきました。自分では中途半端だと思っている部分もありつつ視野が広がったのはよかったと思っていて、培ってきたものが違うからこそ、影響を与え合っています。友情はかけがえのないものであり、儚いものでもある。別れがくるタイミングがあるかもしれないし、一生このままの関係でいるかもしれない。だからこそ今の瞬間を大事にしていきたいです。そういう面では、今一緒に住んでみてよかったと思います」

日高「僕は陸上というスポーツをずっと続けてきて、そこにすべてを捧げていたから、思い出に残るような学生生活が送れなかったり、考えてみたら陸上しかしていなかったという人生だったんです。でも彼は、僕が聞いた話だと学生時代にはっちゃけていたり、親と喧嘩したり、キャリーケース一つで上京してきたり、僕からしたら濃い人生を送ってきたんです。お互いにこういう人生もあっていいなと思えるし、友情は自分の人生にもプラスになる存在。自分たちのように、友情をモチーフにした映画に出演できて、本当に友情もめばえたというのは、すごい確率だとも思います」

――役に共鳴した部分もあるとは思いますが、一方で、今目の前にいる栗原さんご本人のソフトな愛すべき雰囲気と違って、映画の中でユウタというキャラクターは破壊衝動を抱えているように見えて、周囲に対する威圧感もありました。

栗原「高校生役を、撮影当時二三歳で演じたので、その時の自分は落ち着いていましたが、高校生の頃は多感な時期だから、役として幼さがみえる部分を作ろうとはしました。先生に反抗したり、なにか悪さする時の、最初にわき起こる気持ちをどう表現するか。演技上で人に向けるエネルギーが、自分とは違うユウタという役のエネルギーの出し方になっていると思います」

――コウが抱える葛藤について、日高さんはどう思われますか。

日高「コウの人生には、さまざまな選択肢があるわけで、結局どれを選んでも、うまくいかないものはうまくいかない。その点は残酷だと思いました。僕自身の人生の選択でいえば、スポーツの道を断って俳優業を選ばなければこういう出会いもなかったかもしれない。そしてコウは、日本を変えなきゃいけない、自分の考えを発信したい、という思いがあり、そこで選んだ道が、ユウタとの関係に影響が出てきてしまう。僕がコウだったらどんな道を選んでいたのだろう、と考えさせられました」

若き見知らぬ者たち

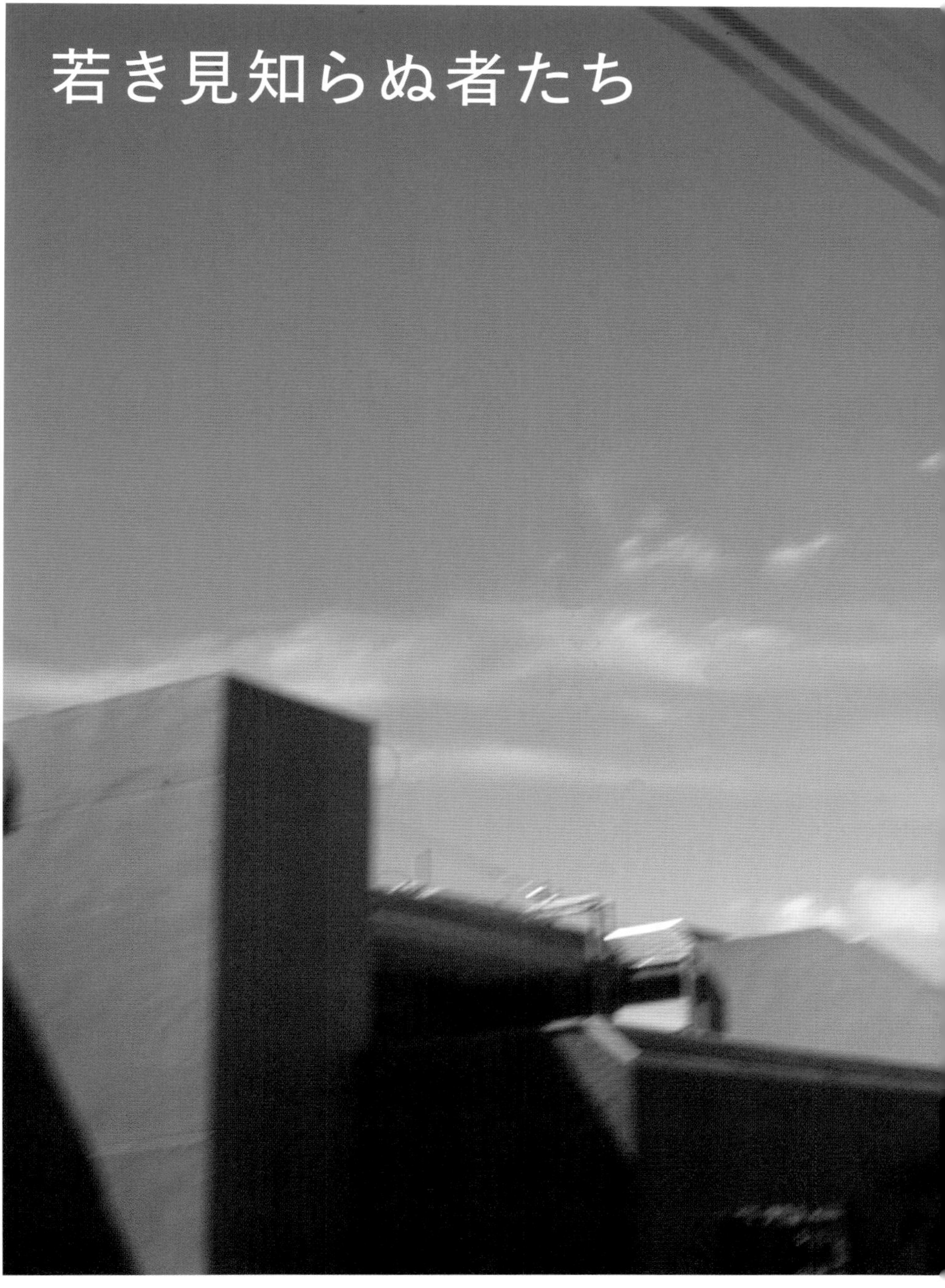

内山拓也

Takuya Uchiyama

1992年、新潟県出身。文化服装学院入学後、学業と並行してスタイリスト活動を始めるが、その過程で映画の撮影現場に触れ、映画の道を志す。23 歳で初監督した『ヴァニタス』(16) がPFFアワード2016観客賞を受賞したほか、香港国際映画祭にも出品を果たし、批評家連盟賞にノミネートされる。俳優の細川岳と共同で脚本を書いた『佐々木、イン、マイマイン』(20) で劇場長編映画デビュー。2020年度新藤兼人賞や第42回ヨコハマ映画祭新人監督賞に輝く。King Gnu「The hole」、SixTONES「わたし」などのMV演出や『余りある』(21)『LAYERS』(22) などの短編や広告映像を手がけて話題を集め続け、「2021年ニッポンを変える100人」に選出される。『若き見知らぬ者たち』は待望の商業長編初監督作となる。

高校時代は前途有望なサッカー選手だったにもかかわらず、一家を養うためにヤングケアラーとなった彩人。総合格闘技のタイトルマッチに挑む弟・壮平に叶わなかった人生を託し、自らの運命を引き受けて生きてきた。唯一の望みは恋人・日向とのささやかな幸せ。しかしそれさえも暴力が無情に奪ってゆく……。

映画ファンはもちろん、ふだん映画を観ないような若者たちから今も支持を集める自主映画『佐々木、イン、マイマイン』を撮った内山監督の、商業長編デビュー作がこちら『若き見知らぬ者たち』だ。

モチーフの重さとは対照的に、物語は歯切れ良くスピーディに展開し、中盤でいきなり観客を奈落の底に突き落とす。えっ、この先どうやって話を進めるんだと思いきや、ここからが映画作家・内山の真骨頂となる。そこまで主人公の周辺にいた登場人物たちがそれぞれの人生の主役として物語が顕在化しはじめるのだ。その時、観客にとって彼ら、彼女らはもう見知らぬ者たちではなくなっている。暴力によって奪われた何かを描きながらも、暴力には奪えない何かがあることを反語的に突きつけてくるのだ。

内山拓也　インタヴュー

©浦将志

中心が不在の物語

——『若き見知らぬ者たち』、今のところ二度観ました。初見は磯村勇斗さん演じる彩人を主軸に観たのですが、二度目は福山翔大さん演じる壮平に軸を置き換えて観ている自分がいました。今振り返ると二人を並列に描くことが監督のやりたかったことなのかなと思います。この映画のアイデアはどこから生まれたのですか。

「きっかけは、僕が初めて自主映画『ヴァニタス』を撮ったのが二〇一六年なのですが、その時初めてお客さんを実感する機会があったんです。ぴあの会場の中で満席になり（註：PFFアワードの観客賞を受賞）、海外に行かせていただく経験をして、自分が思っている以上に届くんだなという感触と、一方で自分が思っていたことは届かない、そんな受け止められた方をするのか、という相反する感覚を持ちました。その届かなさに作り手として執着した初期衝動が火種になっています。自分がやろうとしている想いをさらに拡張させながら、どうすればお客さんと握手ができるか、お客さんに新しい感情を抱かせることができるか、と考えるようになりました。自分の作家としての姿勢は大きくは変わらないけれど、自分なりにエンタテインメントの側面を打ち出し、アートとそれを両立できるような脚本を書こうと思い立ちました。父性や母性の欠落、機能不全の社会や家族が自分の中で重要な要素としてあるのですが、そこから家族的なものがどう変容していくかをお客さんが受け入れられるか、もしくは受け入れられないかはわからないけれど、その矛盾や葛藤を脚本に落とし込もうと書き始めた頃、自分の側にいた友人が経験した、ある事件が起こったんです。ただ、政治的・社会的な題材は強く言うほど届かなかったり、変に曲がって届いたりする。だからまず目に見えるたった一人に届けるために書こうとしました。でも、たとえば同じような気持ちを抱いている真反対の国に住む名前も顔も知らないような人もいるんじゃないかとふと思ったんです。最も個人的なことが最もクリエイティブ（註：二〇二〇年アカデミー賞を受賞したポン・ジュノ監督がスピーチで引用したマーティン・スコセッシの言葉）で、も

っともドメスティックなことがもっともグローバルなんだ、と思ったからこそ、自分の内側を掘って掘って掘り下げて、潜って潜って潜り込むような話を書くことにしました」

――個人的な話が基になっているということでしょうか。

「実際にあった事象よりも、それに対してどう思ったか、何を忘れたくないと思っているかをキャラクターに落とし込んでいきました。僕は基本的にプロットを書かないんです。主人公がなぜあのかたちに立ち上がったのかも覚えていません。キャラクターを掘って、そこから物語を進めていくやり方です。ただし最初から、兄弟の交代劇はやろうとしていました。交代劇の前半は、彩人という主人公の背中を追いながら進め、後半からは弟の背中を追う。中心が不在の物語なんです。主人公が立てば立つほど忘れさられていくものもあるし、群像劇にすれば物語の推進力が弱くなる。なので、交代した後も主人公が中心にあり続ける。主人公は、磯村勇斗さん演じる彩人という目に見えるもの、彼が周りにふりまいていた目線や言葉、もしくは残像。後半は、空洞なんだけど、彩人の記憶が中心になっていくんです。交代劇といっても役者が単純に交代するのではなく、兄から弟に主人公が変わるのでもなく、中心には兄が存在していて、それを弟が担うように交代していく話なんです。中心は不在なのですが、それを形作っているのが、若き見知らぬ者たち。だから母親役の霧島れいかさん、警官役の滝藤賢一さん、父親役の豊原功補さんも、年齢の設定や役柄は違えど登場人物の全員が若き見知らぬ者たちなんです。主人公とはこういうものだ、親子とはこういうものだ、映画とはこういうものだ、という考えを一つひとつ疑う作業をしていくという葛藤がずっとありました」

——監督は映画の力を信じているんですね。あと、観客が理解する力をみくびっていない。冒頭から目を奪うような映像を畳み掛け、説明的なセリフが一切ないのに主な登場人物が置かれた状況や人間関係が始まって七分くらいでわかるように作られている。内山監督は、魂を伝えるとか、情熱的なタイプに見られがちだと思いますが、実は観客にいかに伝えるのかを分刻みで組み立てるような作

り方をしている。というのも、二度目はどのエピソードがいつ展開するのか時間を測りながら観たんです。

「そういう意味では、一時間ちょうど（上映時間の半分）で、染谷将太さん演じる大和の結婚祝いのパーティのシーンを置きました。脚本でもそのように書きましたし、そこまで執着しているわけではありませんが、想定していた真ん中にくるように最終的に再構築して編集しました。エネルギーが溢れるぶんにはいいのですが、それだけだと人によっては受け入れ難いと感じることもあると自覚はしているので、面白く観ていただけるように三幕構成にして、時間配分の設計もしています。お風呂場のシーンの後に格闘技の練習シーンが始まってからが序破急の〝序〟。ただ、そういう部分を守りながらやっていくと、どこか崩れてくるので調整はします」

テストなし、アドリブなし

——内山監督は、テストなし、アドリブなしで撮っていくそうですね。

「アドリブに関していうと、特に日本語で映画を観る時に、このシーンはアドリブなんじゃないかとわかってしまうと自分は楽しめなくなるんですよ。アドリブを後で編集して使う方もいらっしゃるのは否定しませんが、できればそうとわからないように編集してほしい。一方で、テスト撮影については、『佐々木、イン、マイマイン』の時に八ヶ月くらい本読みからリハーサルを毎週続けたのですが、最初に自主映画を撮った時に届かなかった感覚を別ベクトルで感じたんです。だから今回は、役者さんとすり合わせたり、リハーサルすることで感情を摩耗させたくないと思い、テストはしていません。なるべく段取りもしなくていいところはしない。段取りやテストをする・しないは、半分役者さんのためでもあるのですが、半分はスタッフのためでもあるんです。撮影部、録音部、照明部と呼ばれる人たちはものすごく大変なんですよ。でも事前にお互いが準備と理解をしてやっていけば、テストはしないでも研ぎ澄まされたものを一発で撮れるという想いもあります。だから基本はやらない。ただ、北野武監督のようなワンテイクの美学とは少し違って、そういうアプローチはしますが、テイクは重ねるところは重ねます。自分の場合はワンテイクにこだわり過ぎると手法が物語を喰っちゃう気がして。とはいえ何年もかけて脚本を書くことや、段取りやテストなし、アドリブもなし、といったことが絶対論だとは僕は思っていません。現場で今起こったことが正解。役者さんには脚本に書いてある通り一言一句違わないことを話してほしいとかそういうことじゃないんです。そこに真実があれば、それが脚本に戻ってくるように求めている。現場主義ですね。全部壊すために一所懸命に準備する。当初はこういうことをしたかったけど、現場ではやっぱり間違っていたね、と言える監督でいたい。柔軟にみんなが意見を言える環境作りが大事だと思います」

――リアルな描写を撮ることについてどう思われますか。

「リアルよりリアリティを求めています。リアルだと、ドキュメンタリーにおける嘘じゃないかどうかというファクトになっている気がします。リアルを求め過ぎると、例えばミュージカルで突然歌い出すのはリアルじゃないことになってしまう。お客さんに浸透性があって、共感をもってもらえるのであれば、すっごくフィクショナルなことでもリアリティはあると思うんです。僕にとってフィクションであることがすごく重要だから、劇映画を作っているのです」

――今回の映画は劇的な台詞が要所要所に散りばめられています。例えば《自分が何をしたかじゃないよ。誰に何を残したか。それが生き様でしょ》とか、《日々生きるだけでみんな表現してる。みんな表現者だから》。それこそソーシャルメディアで引用されそうな印象的な台詞です。現実の日常生活でこういうことを言う人がいたら恥ずかしいかもしれないけれど、映画の中ではリアリティのある言葉として成り立っている。

「台詞に関しては、こだわらない・こだわるという相反する気持ちが自分の中で同居しています。いまおっしゃっているのは、弟の壮平のヴォイスオーバー（註：画面に現れない話者の声を用いる表現）の台詞ですが、彼は役柄的に不器用で無骨な男なので、うまく演じるほど遠ざかっていくんです。彼がナチュラルな台詞を残す

KARAOKE
BAR
Welcome

ことがお客さんの琴線に触れるかというとそうじゃない。例えばあれを日向（岸井ゆきの演じる彩人の恋人）が言っていたら違った印象になる。壮平があそこまで積み上げてきた共通の想いを、お客さんと一緒に持てたとすれば、どこまでも突き進んでほしいと願うんじゃないかと思うんです。壮平にはその想いでフィールドに立ってほしい。そういったリアリティを感じさせられるのが、台詞の面白さであり、難しさでもあるので、恥ずかしがらずに目がけたい。誰が発しても通用する台詞の良さ、というものがあることも理解しつつ、どの場面で誰が言うのかが重要だと思っています」

――登場人物一人ひとりに感情移入できるような描き方をされていますね。

「基本は誰かの視点で目の前に見えることを書いていますが、映画としてはセオリーじゃないと言われる可能性もあるのをわかった上で、神の視点もあると思っていて、最後の試合のヴォイスオーバーするところはそういう意味合いで置いています。聞こえないはずの声が聞こえる。『佐々木、イン、マイマイン』でも佐々木（細川岳）が過去に苗村（河合優実）っていう女の子とカラオケで会うのですが、あのシーンは映画でいうと御法度なんですよ。回想ではあるけど、主人公は佐々木じゃなくて悠二（藤原季節）という別の人物なので、視点としては誰にも見ることができない時間なんです。分析すればそうかもね、ということを意図的になじませることで、その先にいける表現を探しているんです」

良い人は左から、悪い人は右から画面に登場する

――『若き見知らぬ者たち』での警察の取り入れ方についてもお聞きしたいです。ヒッチコックの映画などで、良い人は左から、悪い人は右から画面に登場する傾向があると言われていますが、この映画では警察は必ず右から登場しますね。

「初めて指摘されました（笑）。はい、わざとやっています。自分から言う必要はないから言いませんでしたが。映画は歴史の中で積み上がっているものなので、自由な表現は好きですが、そういった技術も大事で、学

ばせてもらう立場を忘れないようにしています。警察の登場場面もそうですが、登場人物がある状況でどっちに向かっていくかという時は、意味があることを忘れないようにしたいと思って撮っています。警察を取り入れたのは、二項対立を描きたくないからこそなんです。本当は警察を入れないほうが二項対立にはならないのですが、入れないとそこから逃げてしまうことになる。職務質問のような、日常でみんなが感じていることを、ちゃんと描いている日本映画は少ないと思っていて、リアリティを追求しました。いや、それは二項対立だろうと思われる恐れがあったとしても、描かなければ議論にすらならないので。家族的なものを描いた物語だから家族だけを描くのではなく、例えばスーパーマーケットや畑で母親が問題を起こすシーンも重要で、家族や社会を見つめることで外部の視点や結びつきを描かなければ、見えない壁にたどり着くことができない。拳銃をマクガフィン（註：登場人物への動機づけや物語を進めるための小道具）として置いているのですが、警察官の右の腰にぶらさがっているものが登場人物たちに近づくことが重要だと思うんで

す。世の中では規制されているはずの飛び道具が、めちゃくちゃ日常の近くに潜んでいるんだよ、という暴力への無自覚さをメタファーとしても描きたかった」

――その暴力に屈しないための手段として、格闘技を取り入れていますね。

「もとはボクシングの設定だったのですが、最近ボクシング映画が隆盛してきて、なんとなく自分が表現したいことと合わない気がしていた時に、より身体的に窮屈で苦しいものとして総合格闘技が浮かびました。格闘技が警察と相反するのか接近するのかわからないけれど、結末の前に開放的な意味合いでも置こうと思って、まず自分もやりはじめました。お客さんが普段我慢したり、開放したいと思っていることも、スポーツなら親和性を持って描けるし、総合格闘技が一番適していると思ったんです」

――試合シーンの監修は元総合格闘家の方にお願いしたそうですね。地下格闘技や格闘技のアクションを取り入れた映画はあっても、ここまで本格的に総合格闘技の試合が描かれた映画は日本では珍しいのでは。

「監修は佐藤ルミナさんにお願いしました。これから本格的な格闘技を描く映画は増えてくると思うのですが、その最初の作品のつもりで取り組みました。総合格闘技の試合シーンを描くとなると、あの作品にはかなわないと思われるくらいの迫力のあるものにしないと意味がない。役者さんにも負荷がかかることですし、少なくとも一〇年先くらいまで通用するような描写にしたいと思って、自分も一緒に練習して、脚本に取り組みました。実際にやってみるとどれだけ目の前は暗闇なんだという恐怖しかないんですよ。でも一緒にやることで役者さんの恐怖も緩和したかったし、物語も深まると思って」

――脚本はとても時間をかけられていますが、撮影期間はどれくらいですか？

「一ヶ月ないくらいです。でもちゃんとお休みもとっていますよ」

――そういえばこの映画は劇場で観た時に、拳銃の音が異常に怖かったのが印象に残っています。

「どちらかというとボリュームではなく、ざわざわとさせるような音像や残響をリレコーディングミキサーのリオネル・ゲヌンと作り上げました。音楽についても、たとえば埃みたいな細かい音など、最初はデモで僕がつけたものを渡してディスカッションしました。ドローンと呼ばれる音楽（註：楽曲の中でおなじ高さの音が変化なく持続される音）があって、この映画とはかけ離れているんですが、宇宙みたいな音をつけたんですね。馴染みがよい気がして。心拍音に関しては、脈打たれて嫌な感じがする音なのですが、なるべく鳴っているか鳴っていないかわからなくて感情を追い越さないくらいにしました。細部にこだわらせていただける限りはこだわらせていただいています。5・1chサラウンドの意味も活かしたかった。どこからどういう音が発せられるかというのは、まだ勉強中です」

――フランスのスタッフの名前が出てきましたが、本作は日本、フランス、韓国、香港の四つの国の共同製作になっていますね。

「映画の内容が日本的なものだからこそ、逆にフレッシュな状態でやりたいというのがあって、最後の音ミックスはとても重要ですし、自分が日本から離れるというありがたい環境を与えてもらったほうが良かった

ので、フランスと手を組みました。音楽監督は日本人なのですが、音楽のメインでピアノを弾いているプレーヤーはイタリア出身のイギリス在住の方で、グレーディングで色を調整してくれたのはウクライナ侵攻を受けて家族で日本に来たというロシア人に手掛けてもらっています」

――音楽といえば彩人が両親から引き継いだカラオケバーで、冒頭ではおじさんがYOASOBIの「アイドル」を歌っていることから、この映画の時代設定は現在だと思いますが、終盤で染谷さん演じる大和が「我が良き友よ」（註：吉田拓郎が提供したかまやつひろしの代表曲の一つ）という古い曲を歌っている対比が興味深いです。

「時代としては現代劇なのですが、ノスタルジーみたいなものも内包できたらいいなと思っていました。今を描いているのに懐かしいと感じてほしい。おじさんが最近の曲を歌って、若者が昔の曲を歌うのもリアリティがある気がするんですね。僕も世代としては全然違うのですが、阿久悠さんが紡がれているような歌に魅了されていたりもしますし、今、若者が喫茶店やスナックに惹かれたりしていますよね。『我が良き友よ』に関してはあれしかないとずっと思っていました」

——映画で歌われるのは途中までですが、その後の歌詞も、まさに彩人と大和の関係性を表しています。

「この映画で初めて聴く人にはわかりやすく入ってもらって、歌詞にも興味を持ってもらえたり、思いを馳せてもらえるといいですね」

若き見知らぬ者たち

原案・脚本・監督：内山拓也

CAST

磯村勇斗―風間彩人
岸井ゆきの―日向
福山翔大―風間壮平
染谷将太―大和
霧島れいか―風間麻美
滝藤賢一―松浦
豊原功補―風間亮介
伊島空―治虫
長井短―由梨
東龍之介―瀬戸
松田航輝―豊田
尾上寛之―吉田
カトウシンスケ―滝崎
ファビオ・ハラダ―ファビオ
大鷹明良―早川

製作：小林敏之　宮前泰志　藤本款　Amel Lacombe
Sang Wook Kang　Catriona Chen　菊野浩樹
本間綾一郎　森田篤　東城祐司
企画・プロデュース：宮前泰志
共同プロデューサー：Amel Lacombe　本間綾一郎
プロデューサー：吉岡宏城　佐藤雅彦
監督補：長田亮
撮影：光岡兵庫
照明：阿部良平
録音：小黒健太郎
美術：福島奈央花
装飾：遠藤善人
衣裳：加藤哲也
ヘアメイク：寺沢ルミ　杉本あゆみ
助監督：石井純　制作担当：竹岡実
編集：平井健一
音楽監督：石川快
音響効果：長谷川剛（J.S.A）
リレコーディングミキサー：Lionel Guenoun
VFXスーパーバイザー：堀江友則
カラリスト：Alexander Zolotarev
アクションコーディネーター：小原剛
キャスティング：杉野剛

宣伝プロデューサー：深瀬和美
宣伝：小口心平（TAIRA） 山口慎平（TAIRA）
川口菜生子（TAIRA）
格闘技コーディネーター：新明佑介
格闘技指導：伊藤俊亮
格闘技監修：佐藤ルミナ
特別協力：一般社団法人日本修斗協会
協力：トライフォース柔術アカデミー
The Young Strangers Film Partners:
カラーバード／TCエンタテインメント／
クロックワークス／PANORANIME／
MEDIA CASTLE Corp.／Neofilms Ltd／
TBSテレビ／ハッチ／UNITED PRODUCTIONS／
メディアミックス・ジャパン
助成：文化庁文化芸術振興費補助金―日本映画製作支援事業―
独立行政法人日本芸術文化振興会
企画・制作：カラーバード
制作プロダクション：エピスコープ
サウンドプロダクション：PANORANIME
企画協力：ハッチ
配給・宣伝：クロックワークス
製作：The Young Strangers Film Partners
©2024 The Young Strangers Film Partners
日本・フランス・韓国・香港／2024／113 min.／2.35:1

若き見知らぬ者たち
コメント

磯村勇斗
Hayato Isomura

1992年、静岡県出身。2017年の連続テレビ小説「ひよっこ」(NHK)でお茶の間に広く知られると、「今日から俺は!!」(NTV)、「サ道」シリーズ(TX)、大河ドラマ「青天を衝け」(NHK)などドラマに出演。2022年には映画『ヤクザと家族 The Family』(21)『劇場版きのう何食べた?』(21)で第45回アカデミー賞新人俳優賞を受賞。『ビリーバーズ』(22)で映画初主演。『PLAN75』(22)ではカンヌ国際映画祭のレッドカーペットも踏んだ。2023年は『最後まで行く』『波紋』『渇水』『月』『正欲』と5本の出演作が公開され、『月』で第47回日本アカデミー賞最優秀助演男優賞を受賞。今年はドラマ「不適切にもほどがある!」(TBS)の一人二役も記憶に新しく、秋には映画『八犬伝』(24)の公開も控える。

息が詰まるような日々の撮影の中で、現場には、放出仕切れない程の若いエネルギーが満ち溢れていました。それはきっと、今作に参加する一人一人が、自分の役割を全うし、自分なりの表現をしていたからだと思います。それは年齢関係なく、誰もが若く、脆く、その中で踠き、表現しているのだと感じました。そんな現場になったのも、内山監督の描く「若き見知らぬ者たち」の世界、そして、彼の人柄が僕らを解放してくれたのだと思います。今僕は、早くこの作品を多くの方に届けたい気持ちでいっぱいです。

岸井ゆきの

Yukino Kishii

1992年、神奈川県出身。2009年にドラマで俳優デビュー。映画初主演となった『おじいちゃん、死んじゃったって。』(17) で第39回ヨコハマ映画祭最優秀新人賞を受賞。恋愛への執着が強いヒロインを好演した『愛がなんだ』(19) では第11回TAMA映画祭最優秀新進女優賞および第43回日本アカデミー賞新人賞を獲得。耳の不自由なプロボクサーを演じた『ケイコ 目を澄ませて』(22) では、第46回日本アカデミー賞最優秀主演女優賞受賞をはじめ、第77回毎日映画コンクール女優主演賞ほか主演女優賞を総なめにした。そのほか主な出演作には『友だちのパパが好き』(15)『やがて海へと届く』(22)『神は見返りを求める』(22)『犬も食わねどチャーリーは笑う』(22) などがある。

今までずっと、映画制作に憧れて、俳優部として自分にできることは何だろうと考えてきましたが、この脚本を読んだ時、作品のためはもちろん、これからの俳優としての自分のためにも、できることがあるかもしれないと思いました。そのためには想像していたよりずっと深くこころに潜る必要がありましたが、監督、キャストスタッフのみなさんは常に、一人では怖くて見つめることのできない感情を照らしてくれました。この映画がどう広がっていくのか、とても楽しみです。

福山翔大

Shodai Fukuyama

1994年、福岡県出身。映画『クローズEXPLODE』(14)のオーディション参加をきっかけに芸能界入り。エキストラから出発し、下積みを経て、ドラマ「みんな!エスパーだよ!」(TX)で俳優デビュー。2017年には「おんな城主 直虎」(NHK)で大河ドラマに初出演を果たす。その後もドラマ「スカム」(MBS)「MIU404」(TBS)「恋はDeepに」(NTV)「明日、私は誰かのカノジョ」(MBS/TBS)「にがくてあまい」(THK)と出演を重ねる。映画では『JK☆ROCK』で映画初主演を務め、その他『花束みたいな恋をした』(21)『ブレイブ -群青戦記-』(21)『砕け散るところを見せてあげる』(21)など。2024年春クールのドラマ「ACMA:GAME アクマゲーム」にレギュラー出演している。

映画愛に溢れる内山組の皆様と共に作品を作れたことが何より幸運で感謝しかありません。全身全霊で風間壮平という人間に向き合い続けた1年間。忘れられない瞬間にも出逢えました。あの歓声。宝物です。生きていて良かったと心から思いました。『若き見知らぬ者たち』が世界中に届きますように。

染谷将太

Shota Sometani

1992年、東京都出身。子役としてキャリアをスタートし、『パンドラの匣』（09）で映画初主演。2011年に主演をつとめた『ヒミズ』では、第68回ヴェネチア国際映画祭において、日本人初となるマルチェロ・マストロヤンニ賞を受賞し、国内外から注目を集めた。その後、日中合作映画『空海 –KU-KAI– 美しき王妃の謎』（18）では主人公の空海を演じた。近年の主な出演映画は『きみの鳥はうたえる』（18）『最初の晩餐』（19）『初恋』（20）『怪物の木こり』（23）『陰陽師0』（24）『違国日記』（24）など。『竜とそばかすの姫』（21）『すずめの戸締まり』（22）では声優としての出演も。公開待機作にブッダ役で主演の『聖☆おにいさん THE MOVIE～ホーリーメン VS 悪魔軍団～』（24）がある。

内山監督という作家としても人間としても美しい存在と出会えたことだけでも感謝と感動でした。そしてやはりそこに集うスタッフキャストの皆様は本当に魅力溢れる方々でした。現場に行くとその空気に優しく包まれて幸せな気持ちでカメラ前に立てた事を忘れられません。磯村くん演じる彩人が危うく儚い存在で、翔大くん演じる壮平は心も身体も使い果たし。本当に皆さんが素敵で素敵で。今まで見た事がない人の表情がこの映画には詰まっていると確信しております。

滝藤賢一

Kenichi Takito

1976年、愛知県出身。舞台を中心に活動後、「クライマーズ・ハイ」（08）で一躍脚光を浴び、以降数々のドラマ、映画、CM等で活躍。ドラマ「半沢直樹」（TBS）で第68回日本放送映画藝術大賞の優秀助演男優賞を受賞。主な出演作に、ドラマ「俺のダンディズム」（14）、「探偵が早すぎる」（18、22）、「グレースの履歴」（23）、「虎に翼」（24）等、映画に『踊る大捜査線THE MOVIE3 ヤツらを解放せよ!』（10）、『るろうに剣心'京都大火編'伝説の最期編』（14）、『はなちゃんのみそ汁』（15）、『64-ロクヨン-前編/後編』（16）、『関ヶ原』（17）、『孤狼の血LEVEL2』（21）、『さんかく窓の外側は夜』（21）、『ひみつのなっちゃん。』（23）、『ミステリーと言う勿れ』等多数。

現場は今までに感じたことのない不思議な緊張感で、神経が研ぎ澄まされるような感覚でした。誰かが先導したわけでもなく、あの現場に居た全ての人間が、各々の責務を果たして生まれた空気感だと思えてなりません。若い俳優達の鬱屈した表情、どこにも吐き出すことのできない憤りが、まるで噴火直前のマグマのようで、グツグツグツグツと音が聞こえるようでした。あのような瞬間瞬間が、私の役に多大な影響を与えたと信じて疑いません。私を見つめる彼らの目が未だに脳裏にこびりついております。内山組の空気に呑まれまいと必死に足掻いた自分が、若き日の自分に重なり、失いかけていた何かが小さな種火となって、再び私に宿ったように思います。

豊原功補

Kosuke Toyohara

1965年、東京都出身。16歳より俳優として活動。青山真治監督の『WiLd LIFe』(97) で映画初主演。2000年代は『亡国のイージス』(05)『カメレオン』(08)『闇の子供たち』(08)『座頭市 THE LAST』(10) と阪本順治監督作品の常連となる。主演映画『受験のシンデレラ』(08) でモナコ国際映画祭の最優秀主演男優賞を受賞。近年は『HiGH&LOW』シリーズから『ヤクザと家族 The Family』(21)『さかなのこ』(22)『福田村事件』(23)『キリエのうた』(23)『朽ちないサクラ』(24)、ドラマ「TOKYO VICE1・2」(HBO Max/WOWOW) まで幅広く出演。2017年には舞台「芝居噺『名人長二』」で企画・脚本・演出・主演を果たしたほか、映画『ソワレ』(20) でプロデュース業にも進出している。

私個人の記憶との交錯があまりに多いことに驚き、脚本を読んだ直後に息を吐いたことを覚えています。内山監督の持つ人間と映画への眼差しが凄みとなって目の前に現れたかのようだったし、その時すでに私は作品世界の中に引き込まれていて、撮影現場でのクルーと俳優たちの中にあってその共鳴感は確信となっていました。若いという時間は一瞬のようだけど、その記憶との対話の続きが今だとすれば人は誰もすべて若きまま藻掻き続けているのかもしれず、私もまた見知らぬ者の一人としてこの物語がみなさまの記憶に届くことを願っています。

霧島れいか

Reika Kirishima

1972年、新潟県出身。モデルのキャリアを経て、1998年のテレビドラマ出演を機に、俳優としてスタート。ヒロインを演じた映画『運命じゃない人』（05）が第58回カンヌ国際映画祭の批評家週間で多数の賞を獲得。その後もトラン・アン・ユンが監督をつとめた『ノルウェイの森』（10）のレイコ役などでの演技が高く評価され、映画やドラマを中心に活動。近年の主な出演作に、映画『いつかのふたり』（19）、ドラマ「彼女のウラ世界」（21/CX）、「DORONJO」（22/WOWOW）など。主人公の妻を演じた『ドライブ・マイ・カー』（21）は、第74回カンヌ国際映画祭コンペティション部門の脚本賞をはじめ、第94回米アカデミー賞国際長編映画賞など、数々の権威ある映画賞を獲得。

脚本を読んで参加しない理由がありませんでした。この作品に込められた誠実な問いかけやメッセージ性の強さにハッと目が覚め突き動かされる感覚になったのを覚えています。参加するからには責任の重さやプレッシャーもかなり感じましたが、今の世の中に必要な作品であり、自分自身のこれからの人生についても深く考えさせられると直感しました。クランクイン前は役と向き合う時間が長く感じしました。正直恐怖もありました。演じること伝えることの難しさとも直面し、内山監督とも連絡を取り合って準備をしたことが心強かったですし初日からは余計なことは考えず演じることに集中できたと思います。キャスト、スタッフ全員が一丸となって誠実に心を込めて撮影をしていた美しい光景が今も忘れられません。私にとってたくさんの経験と大切なことを教えて頂いた出会いであり、印象深い作品だと思っています。世代問わず多くの方に観て頂きたいと願うばかりです。

GLORIA

GLORIA

GLORIA

GLORIA

座談会

山中瑶子×奥山大史×空音央×内山拓也

写真：浦将志

偶然が必然に思えたとき、そこには何かが生まれつつある。

二〇二四年の秋に公開される四人の若い（二十代後半から三十代前半の）監督の商業長編デビュー作が、まるで惑星直列のように思えたことが、この企画の起点となった。

この四人で会うのは、はじめてだという。プロデューサーとのつながりで軽く面識がある監督どうしもいたが、ほとんどが初対面である。

作風がまったく違うので、正直、四人の話が噛み合わないのでは、という恐れもあった。だがエコーチェンバーを避けるためにも、この四人は絶妙なバランスだったと今では思う。

とはいえ話のとっかかりとして、まず四作品に共通する（とは必ずしも言えないものも含むが）キーワードを提出し、それをお題に語ってもらった。

大喜利のような、台本なしの即興劇のような、混沌と調和が同居する不思議な座談会へ、ようこそ。

キーワードその1　力（権力、圧力）

いきなり権力や圧力だって？　いやいや、一見、奥山大史監督の『ぼくのお日さま』には表立ってそれがモチーフになっているようには見えないが、池松壮亮演じる荒川コーチがいわゆるグルーミングの疑いをかけられるシーンがあり、そういった常識への違和感や無言の圧力をどこまで意識的に描こうとしていたのか、まず奥山監督から訊いた。

奥山「意識したことはないですが、子どもながらの大人への違和感や、それゆえにぽっと出てしまう純粋さゆえの暴力性、残酷さは、子どもの中の可愛くてきらきらしたところと同時に描けたらいいなと思いながら、『ぼくのお日さま』も『僕はイエス様が嫌い』も作っています」

内山「僕は力というモチーフをそのまま強く押し出すのは避けているのですが、現代社会を生きていく上であらゆるものが形骸化していて、先進国といわれている日本では多くの矛盾を抱えています。無自覚に偶像崇拝がなされているものには少し引っかかりを感じていて、『若き見知らぬ者たち』ではその感覚を警察という組織や拳銃に込めました。どんなモチーフであれ、それを主人公と二項対立のかたちで描くことはしたくないので、それ以外の関係性で描こうとしています」

空「とんでもないスケールの権力構造が世界を覆っていて、何もしないとそのままベルトコンベアーのようにそれに流される世界に我々は生きていると思っています。それは資本主義、ファシズム、いろいろありますが、ほっといたら悪い方向に行っちゃう構造の中でいかに逆向きに全力疾走しなきゃいけないかをよく考えています。そんな中で生きているからこそ、完全に潔白な人、暴力に加担していない人はいない。その前提で、どうしていくのかがスタートポイントだと、生きている上で思っています。だから自然と映画の中でもそういったものを描きたくなっちゃう。なので、網目状になっている権力構造をいかにかい潜れるかというのは、自分の映画のキャラクターたちの動機の一つです。知らず知らずのうちにその構造の恩恵を享受していて、自分の加担性や特権性に気づかないキャラクターもいれば、気づいてそれをなんとかしようとするキャラクターもいる。『HAPPYEND』の場合、日本の植民地主義の歴史の中に自分も実は組み込まれていたんだと気づいて抗おうとしているキャラクターがいます。気づいてしまうと、気づかない友だちや、のほほんと生きている人たちを見ると、どうしても怒りが湧いてきちゃうだろうし、それをこの映画で描きたかったのです」

山中「人がひとり以上になると力関係が生じる。その人自身が持つ特権性に自覚的であろうがなかろうが生まれてきてしまうものなのではないかと、ここ数年考えていました。それが例えば家族や恋人同士のような親しい間柄だったり、お互いに気をつけていようと努力していても、本当に対等な関係を結ぶのは難しい。『ナミビアの砂漠』では、男女間の恋愛における力関係の側面も描いています。空監督がおっしゃったような、世界を覆っている権力や資本主義の構造について一見無自覚な登場人物ばかりですが、無自覚ながらもその中で主人公のカナ（河合優実）はフラストレーションを抱えているのです」

キーワードその2　カメラの暴力性

暴力という言葉がでてきたので、スティーヴン・スピルバーグ監督が『フェイブルマンズ』の中で描いていたような、カメラの暴力性について問いかけてみた。

山中「『ナミビアの砂漠』では、タイトルにもなっていますが、実際にYouTubeにあるライブカメラチャンネル（ライブ配信映像NamibiaCam）がモチーフとして出てきます。そのチャンネルは、人工的な水飲み場を砂漠に作って、そこに二十四時間定点カメラを設置し、動物がやってくる様子を世界中の人が簡単にスマホから見ることができるという仕組みになっていて。そこから生まれた収益が還元されて、それによって豊かになるのは良いことなのだろうと思いますが、世界最古といわれているナミビアの砂漠にも資本主義構造があるということに驚きました。私たちはそのライブカメラで癒されたり、ぼーっとできたりするけど、安全圏から見ていて、フレーム外にあるナミビアという国に関心を持つわけでもない。映画を観る、という行為もそれに近いところがあるなと思って。また力の話になってしまいますが、映画を観ること自体が特権的だと感じるときもあります。もちろん撮るということはもっと」

奥山「カメラの暴力性といえば、（空）音央さんの『HAPPYEND』に出てくる監視カメラがパッ

と浮かびます」

内山「うん、あれは如実に顕在化されていますね」

空「カメラの暴力性については、かつては抽象的な枠組みで考えていました。僕は以前、北海道の（平取町）二風谷というアイヌが多く住んでいて、その生活習慣が今も根づいている村で『Ainu Neno An Ainu』というドキュメンタリーを共同監督しました。大学卒業直後に撮りはじめ、何もわからずに行って、トラブルもなく撮影を受け入れられました。でも編集していくうちにカメラの暴力性について考えるようになりました。アイヌは、もともとは日本や中国と交易関係にありましたが、明治になって本格的に日本による入植植民地主義政策が始まり、アイヌは土地を奪われ、労働を強いられた歴史があります。そして、映画カメラの原型は、産業革命期に銃のテクノロジーを応用して作られたわけですよね（註1）。武器産業の恩恵を受けているカメラを持って『Shoot』（註2）して、現地の人たちのイメージをある意味商品にしてしまう。そういう構造は植民地主義を再生産しているんじゃないかと考え、悩みました。でも最近はもう一歩踏み込んで、じゃあカメラという道具をどう脱植民地化できるのかと考えるようになったんです。権力側もカメラを使っているけれど、脱植民地化をしようとしている人たちもカメラを使っている。僕は今、パレスチナを追っていますが、抵抗組織もカメラをうまく使うんですよ。パレスチナ市民のジャーナリストもカメラを使って真実を伝えようとしている。結果的に願っているのは、カメラという道具がパレスチナの脱植民地化の一助となることです。しかし、スマホとかデジタルカメラでも使われているリチウムイオンバッテリー（註3）は、コンゴで採掘されていて、そこでは幼い子どもまで働かされて、世界的な企業が莫大な利益を得ている。そんな構造もぶち壊していかないと、本当にカメラの脱植民地化はできない。そこが一番のカメラの暴力性なんです。そういう話につなげていかないと、本当の意味でのカメラの暴力性は解体できないんじゃないかと思っている今日この頃です」

註1：一八八二年、フランスの生理学者エティエンヌ＝ジュール・マレーは生物の動きを研究するために自ら世界発の連射カメラを発明。それはクロノグラフ・ガン（写真銃）と呼ばれた。その後、映画カメラの原型も開発し、エジソンのキネトスコープや、リュミエール兄弟のシネマトグラフの基盤となったと言われている。

註2：撮影するのは英語でshootと言うが、銃を撃つという意味もある。

註3：電気自動車（ＥＶ）や電子タバコでも使われているリチウムイオンバッテリー。その原料となるコバルトの70％以上はコンゴの鉱山で産出。そこでは、子どもから成人までの鉱山労働者が劣悪な環境で働いている。アップルやテスラほかの有名企業はコバルトの使用を減らし、調達先を切り替えるなどの策を講じるが、それでも需要は高まっている。

内山「映画を撮る時にカメラは凶暴な凶器にもなりうることを考えながら、あるいはスタッフと共有しながら撮っています。僕の中には、映したいもの、映ってほしいものは限りなく映ってくれないものなんだという感覚があり、ということは、それは本来映しちゃいけないものなんじゃないかという考えにも至ります。でも一方で、記録をしていかないと歴史を知ることや繋いでいくこと、わたしたち現代人の学びにはならないですし、時には言語の壁を超えて国際的に共有することもできなくなってしまう。何にめがけながらカメラを携えて伝えていくのか、歓びをわかちあうのか。その歓びや豊かさといった観点も重要だと思うので、すべてが暴力性だけに捉われないための議論ももっと必要だと思います」

空「ドキュメンタリーは特にカメラの暴力性には配慮しないといけませんが、『ぼくのお日さま』みたいに子どもが出ているフィクションも監督として責任が生じてきますよね」

奥山「そうなんです。僕の場合、子どもが泣くシーンは絶対に書きたくない。泣けなかったら、泣いてもらうための方法や、泣いて見える方法を考えなくちゃならないじゃないですか。撮影現場の暴力性も、カメラの暴力性と同じようにあると思うので、子どもを撮る時はあまりプレッシャーになりすぎないストーリーにしたいなと考えてながら書いています」

キーワードその3　三角関係

奥山「橋口亮輔監督の『渚のシンドバッド』(一九九五)が大好きで、あれはまさに男と男と女の三角関係を描いていますが、そういう作品に影響を受けてきたのでチャレンジしたい気持ちがあります。ただ、『ぼくのお日さま』では恋愛感情だけではない三角関係が描けたらいいなと思いました。その感情が〝好き〟という気持ちかわからない中で、矢印があっち向いたりこっち向いたり、くっついたり離れたりを、カット割りだったり、アイススケートというスポーツでは実際に距離が近づいたりするアイスダンスを用いて、ここの距離が近づいたことによって離れた一人がそれをただ見ていたりとか。ただの一対一じゃなくて、一人が二人を見ている、そういう状態が作れれば映画的だなと思っていて、三角関係は撮るのも観るのも好きですね」

内山「『ぼくのお日さま』を拝見して、文字通り三人の三角関係が名シーンを生んでいると思いました。自分の場合は、空洞化というのも大事な要素です。たとえば、ある一人が不在になっている時に残りの二人がその人を思っていること、もしくはすれ違ったり、入れ替わったりする、二者間もしくは一人でも三角関係は存在している。それは感情がついてくることですが、自分自身もふだんから感じていることです。なので、結果的に三角関係を意識しているのかもしれないですが、不在や視野外から生まれてくるものとして捉えています」

内山監督の三角関係に対する考え方は、そのまま彼の『若き見知らぬ者たち』の登場人物たちにも通ずる。

そして空監督の『HAPPYEND』は幼なじみであり特別な親友でもある主役二人の間に、祷キララ演じるフミが登場することによって、また違う三角関係が生まれる。

空「フミの存在についてはその通りで、意識して作っています。まず映画の中で描きたいと思ったのは、友情の関係性です。友情は、恋愛よりも重い関係性だったりするし、家族みたいに公的に定義されていないですよね。僕にとっては、友人たちが自分の人生において重要なポジションにいて、時に家族よりもよく会うような存在です。なぜかわからないけれど、恋愛感情に似た、失恋のような気持ちを友人に抱いてしまう時ってあると思うんですよ。自分はヘテロセクシャルですが、仲よくしてきた男友達でも、急にパートナーができて、毎日つるんでいたのに、つるまなくなった時の喪失感って失恋に近い。そういう三角関係もあると思って、映画文法としての嫉妬だったり失恋を友情に落とし込む感覚で作りました。でもさっき奥山さんも言っていたように、これが恋愛感情だと言葉にできるようなものじゃなくて、コウ（日高由起刀）とフミの場合は、もちろんその感情はあるかもしれませんが、それよりもやっと自分の理解者に会えたという、恋愛とはまたちょっと違う気持ち。もともとその対象はユウタ（栗原颯人）だったのですが、コウの人生の段階においては切り替わって、それが三角関係のもつれになってゆく。三角関係において、目線は大事だと思っています。そういう点で奥山さんは『ぼくのお日さま』の中で目線がどっちに向くのかめちゃくちゃ気を配っている。さくら（中西希亜良）が自分の方を見ていない荒川コーチ（池松壮亮）を見ているとか。それこそ描き方として恋愛ストーリーを観ているような感じになる」

山中「『ナミビアの砂漠』は三角関係ではないですが。周りの仲のいい友人は、結婚して家庭に入るような子はまだあまりいないんですが、私としても、ポッと出のパートナーが人生の多くを占めることが前提とされていることにはすごく違和感を覚えるので、本当にいつも悲しい気持ちでいます。これまでは女性が特にそれが当たり前みたいな価値観が目立っていましたが、現代はそれが少しずつでも解体されていっているといいいな」

奥山「山中さんのTOKYO MXで放映されていたドラマがめちゃくちゃ好きです」

内山「ポリアモリー（註4）のような関係性を扱われていましたね」

山中「そうですね。『おやすみ、また向こう岸で』（二〇一九）というドラマはでは三角関係を描いていました。既存の男女カップルの中に、その女性に好意を寄

せる女性が突入して三人で共同生活をするという話」

奥山「あれは実体験？」

山中「実体験ではないですよ（笑）。でも三角関係の映画は、言えない気持ちとかが可視化されて感情の躍動が観えてすごく好きです。アルフォンソ・キュアロンの『天国の口、終りの楽園。』（二〇〇一）とか、『ママと娼婦』（ジャン・ユスターシュ監督／一九七三）とか」

空「僕はクィアな友達が結構まわりにいて、ポリアモリーを実践しようとしているのですが、そういった人は周りにいらっしゃいますか」

山中「そんなにいないですが、実践を試みて結局すごく嫉妬して喧嘩しています（笑）。彼らはうまくいってない話をしている時も、楽しそうなんですよね」

キーワードその4　煙草

山中「痩せろと他人に言うことと、煙草を辞めろと言うことはほとんど同じだなと思っていて。ダイエットと禁煙にまつわる外的な抑圧（笑）。煙草については副流煙の問題は別であるとして、自分の身体のことは自分で決めたい。それで後悔することになっても、自分で決めたいという気持ちが強くて。喫いたい人はガンガン喫えばいい。だから『ナミビアの砂漠』においては、そういう考えがちょっと反映されているかもしれない。カナが喫いたい時は喫わせようという意識はありました」

内山「映画を観てきてあらゆる喫煙シーンに魅了されてきましたし、社会の流れと一致しなきゃいけないのはなぜだ、と純粋に思っています。それが時に宮崎駿監督の映画でも喫煙シーンについて問題になった記事を読んだことがあったのですが（註5）、それって僕たちがやろうとしているクリエイティヴィティと相反すること。僕は反抗するまでの強い意志を持ってあえて出すということはないですが、キャラクターが喫おうとすれば、もしくは喫わざるをえないという瞬間があれば自ずと出てきます。結果的に僕の映画もかなり出てきますが、この考え方自体が変わらない限りは出てくるでしょう。あえて減らそうとも増やそうとも思いませんし、映画的という文脈で相性がいいんだと思いますが、使われ方は重要で、それがうまくいっている映画って、ほかの要素もうまく作用しているんだと思います」

ところで、監督たちの世代的に喫煙者は周りに多いのだろうか。

註4：関係者の合意に基づき複数の相手と関係を結ぶ恋愛。
註5：二〇一三年に公開されたアニメ映画『風立ちぬ』に喫煙シーンが多いことを、日本禁煙学会がスタジオジブリに対し配慮を求める要望書を提出した。

奥山「僕の周りはそんなに喫っていないです」

内山「世代関係なく減っているんじゃないですかね」

空「僕はそんなに喫いませんが、日本はめちゃくちゃ喫ってる印象です。アメリカはどちらかというと値段も高いし減っていて、VAPE（電子タバコ）を喫っています。日本は、ガラスの箱に数人のサラリーマンが入って喫煙している姿は笑えますね。あれを撮りたいんですよ」

山中「あれは異様ですよね。可哀そう」

内山「ヨーロッパやアメリカでの煙草の喫い方はもっと開放的ですよね」

空「アメリカは州によって違いますが、ヨーロッパ含めて外です」

奥山「山中さんはフランスで煙草たかられていましたよね？」

山中「はい、フランスでめちゃ煙草たかられました。多分アジア人だからくれるだろうとなめられている感じはあると思います。フランスの友人から断ってもいいよと言われましたけど、でもあげちゃいます。インドで同じようにメンソール煙草をあげた時、『冬の味がする』って嬉しそうにしてたのが嬉しくて（笑）」

奥山「『ぼくのお日さま』の中での喫煙シーンは、まず池松さんを最初に撮ったのがドキュメンタリーで、カメラ前で煙草は喫わないのですが、カメラを止めるとわりと喫われていて、その姿がかっこよくて。面倒臭そうに喫うのがいいなあと思って。脚本を書いている時に、じゃあキャラクターにも喫わせようと書いたら、撮る頃には池松さんは禁煙されていました。だから撮影用の煙草を喫ってもらっています。禁煙の波は各所に、って感じです」

空「単純に喫わなくていいんだったら喫わない方が体にいい（笑）。『HAPPYEND』ではジャンル的に、不良のシンボルとして、主人公に喫わせています。煙草が映画的なのは、煙が出るからなんですよね。静観なショットでも、煙草さえ喫わせておけば、何かが動いている。ウォン・カーウァイ（註6）の映画でも煙が出ているじゃないですか。そこへうまい具合に光があたるとそれだけでショットが持続するんです。でも僕の場合は、不良のシンボルとして、あとはヘテロセクシャルな男同士の友情関係の親密さを表す時に、一方が喫っているのをパッともらって返すみたいな描写として煙草を使います」

キーワードその5　父親（父性）の不在

奥山「自分の家は母親の方が圧倒的に権力を持っているので（笑）、その影響もあると思いますが、『ぼくのお日さま』に関しては、主人公の父親は肝心なところで後押ししてあげたり、同じ吃音を持っていたり、心配しているお母さんに対して、寄り添う存在としていさせてあげたいと思って書きました。どちらかといえばさくらの家族と、『僕はイエス様が嫌い』の和馬（大熊理樹）の方ですよね。たまたまとしか言えないですが、自分の体験としても、母親がいろいろ言ってきて、父親はあまり関与していなかったということの影響はあると思います」

内山「僕自身、父親がいないようなものなので、多分それは自分から溢れでるものになっています。家族の機能不全というのは、背景に社会の機能不全が起因しているケースも多く、その社会が未だ男性性で覆われてしまっている限り、どうしても結びついてしまいます。単純な話、父親がいた時間の恩恵を受けていないので、今までは父親がいるキャラクターを主軸に考えてこなかったんだと思います。登場はしてくるのですが、父親との時間を豊かに描かなかった。そういう意味では抵抗かもしれません。だからこそ執着していて、父性とは何だろう、と考えています。女性にも父性を感じることはありますし、だから父親の不在＝父性の欠落とはならないと思っています」

空「たまたまでしょうけど、僕の映画にもシングルマザーが多いですね。特に理由はないですが」

山中「私も意識はしていないけど、今まで父親がしっかり出てくる映画は作ってないですね。私は父親はいるけど、単身赴任だったし、ほとんど母とふたりで生活していました。やはり自分が子どもの頃は、父親は外で働いて、母親は専業主婦みたいな家庭は今よりもだいぶ多かった印象があります。うちは共働きだったので、一人で過ごすことが多かったのもあり父性や母性もよくわからないですが、それでも父が子育てにはほとんど関わらずに母一人が抱え込んでいる状態になっていたのは感じていました」

キーワードその6　青春

空「一般的な今の日本の青春映画を観ていないので比較できないのですが、僕の場合は、『HAPPYEND』の核となっているのは自分が過ごしてきた高校・大学の友達とか、自分の中の政治性のめばえで、それをある意味総括したかったのです。これは劇映画の一作目ですが、以前作

註6：香港の映画監督。代表作に『欲望の翼』（一九九〇）、『恋する惑星』（九四）、『花様年華』（〇〇）など。過剰にスタイリッシュな映像とあえてスターを起用する特徴がある。煙草の煙の流線やネオンの光で鮮烈なイメージを作りだす。

った短編映画よりも前から脚本を書いていました。理由は、あの時に感じていた感情を忘れたくなくて、覚えているうちに書いておきたかったから。まあ、書きはじめてから七年が経ってしまいましたが。なかなか企画が進まないからほかのアイデアもやってみればという話も出てきたのですが、やはり一発目は一〇年ほど溜まってきた感情が無化しないうちに記録したい気持ちが強かったので、青春映画というフォーマットになりました。先ほどお話ししたように僕の場合は友情が人生において大事だったので、友情関係が一番色濃く反映される場所として、学校が舞台になりました」

奥山「『ぼくのお日さま』の場合、主役の年齢的に青春映画といっていいんですかね？　御三方と比べると、僕はあんまり青春を撮ってきた自覚はないです。ただ、青春とは少し違うものの、いま音央さんの話で思ったのは、〝忘れないうちに撮っておきたい〟というのはまさにあります。二十代後半になり、『僕はイエス様が嫌い』を撮った時よりも、社会人になって、会社で働きはじめて、どんどん建前でしか話さなくなり、気づいたら嫌いだった大人像に自分がなっているんじゃないかみたいなことと同時に、子ども時代のそういった感覚を忘れはじめているなと思って、今のうちに撮っておこうと。企画にすると、人に話すじゃないですか。話していると、対話の中で忘れはじめているし、全然前と考えが変わりはじめてるなと気づいて」

内山「『若き見知らぬ者たち』でいうと、そういったワードを一度も思い浮かべた時間はないのですが、前作『佐々木、イン、マイマイン』は青春映画といわれています。若い年齢の登場人物がいると、自然とそのように括られやすいのかもしれません。自分が思う青春というものは、闘いの傷跡や痛みのことだと思っていて、言い換えれば時間や感情の証のことで、年齢ではないと思います。前作も、今作も、〝家族〟というワードの方がまず先にありました。これは鉤括弧付きでいいますが、『青春映画』や『若者映画』は、決められた枠組みの中で装置のように子供や青年が描かれていることも多く、違和感を感じることがあります。登場人物の描き方や台詞も全然違ってくるんじゃないか、と。自分の場合は青春映画を意識して撮ろうとしたことはなく、一個人のキャラクターを生み出そうとして現れたものでした。御三方の作品を観ても、青春というよりはそれとは違う何かを僕は受け取っています」

山中「青春……。あんまり言えることないかもしれません。ポカリスエットのCMのイメージです（笑）」

空「ジャンルとしての青春映画は、日本にしかないんじゃないでしょうか。確かにアメリカにはTeen Movieがありますが」

山中「日本って青春を過剰に盛り上げますよね」

キーワードその7　**別れ**

奥山「『ナミビアの砂漠』の最後ってどんなシーンでしたっけ」

山中「カナとハヤシ（金子大地）が見つめ合うカットバックです。カナとホンダ（寛一郎）の場合は、ちゃんと別れていないんです。でも現実はちゃんと『さよなら』って言える別れの方が少ない気がします。日常的に『さよなら』とか『バイバイ』と使っていても、それはまた会える前提の言葉だから」

空「『ナミビアの砂漠』で言うと、最後の方で二人の取っ組み合いがはじまるのをワイドで撮っているのが好きです。あれを観て、この二人はずっと一緒になるのかもしれないという印象を受けました」

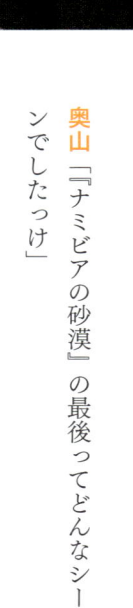

山中「別れを描くのは難しいですね。だから、この二人はもう会えないのかも！とも思えた『HAPPYEND』のラストはすごいグッときました。奥山くんの『ぼくのお日さま』も、別れを描いていますよね。物理的にも」

奥山「確かに。船に乗っちゃいますし」

空「キャッチボールが別れのシーンですね」

奥山「タクヤと荒川のキャッチボールのシーンは、別れとしてしっかり撮りたいと思いました。荒川が『タクヤ、ごめん』って言うのですが、その『ごめん』もただボールを投げたことに対してだけじゃない、いろんな意味のこもった『ごめん』に聞こえるためにどうすればいいのか、池松さんに試行錯誤していただきました。言うまでもないことですが、別れから学べることの方が、出会いから学べることより多い。もう二度と会えなくなるとわかってから伝えられることもありますし。『僕はイエス様が嫌い』もそうですね。ラブストーリーの、出会って、別れそうになって、戻って、でも最後はお互い納得して別れて、別々の道を歩んでいく、といった王道の流れに添いたいわけじゃないのですが、別れからそれぞれの道を歩んでいきますという終わり方が単純に好きなんです。映画がはじまってから、終わる時に、わかりやす過ぎるのは嫌ですけど、登場人物の何が変わったか、成長するかは考えながら脚本を作っています」

内山「出会いはさらっとはじまる方が好みです。生きていく上で意識しているのも別れです。たとえその後に一度も会わなくても、完全なる別れってないんじゃないかと思います」

空「内山さんの『若き見知らぬ者たち』でいうと、死が別れとして入っていますが、それが実は別れのシーンではないと思いました。火葬場のシーン以降はいなくなる人物がいるのですが、最後のショットの方が、より別れを描いている」

内山「みなさんの映画を観ても、自分で撮っていても、目線で感じ方が一八〇度変わる。御三方の映画の終わりも、ポジティブなのかネガティブなのか、こっちなのかあっちなのか、出会いなのか別れなのか、目線で変わるような終わり方だと思います。『ぼくのお日さま』も一見、物理的には再会して終わるじゃないですか。でも別れにも見える」

空「自分の映画と比較して観たのですが、『ぼくのお日さま』のキャッチボールのシーンは、カットバックですよね。自分の映画のエンディングもカットバックで撮ってみたのですが、全然うまくいかなくて、最終的に引きのツーショットになりました。当たり前なんですが、カットバックだと二人が同時に映らないということに気づいちゃって（笑）。何か言おうとしているけど言えない、二人の間の距離感の空気がカットバックだと映っていなかった」

山中「現場で気づいたんですか」

空「編集の段階で。現場ではカットバックで終わらせてみようかなと思って、正面から撮ったんですが、だめでした」

山中「全然違う映画になっちゃう」

奥山「冒頭のシーンと対になっていますよね。確かに普通に考えるとカットバックしそうだけど横位置で終わるのがかっこよかったです」

空「だから奥山さんのキャッチボールのシーンを観て、ああこういう風にカットバックが成立する方法があるんだと思って。キャッチボールだからなんですよね。僕の映画の場合、ラストは最初は普通に終わってたんですが、編集のアルバートが冗談で出したアイデアをやってみたら意外とよかった（笑）。念頭にあったのは、ラストで二人はこれからもう会わないだろうとならないように描こう、ということでした。今は別々の道を歩もうとしているけれど、今後は変わるかもしれない可能性を入れ込みたくて、試行錯誤していくうちに冗談でつくったあの終わり方が一番よかった」

山中「いい軽さがありますよね」

ENGLAND
UMBRO

キーワードその8　音楽

奥山「『僕はイエス様が嫌い』を撮った時は賛美歌で統一したいというのがあったんですね。同様に『ぼくのお日さま』もフィギュアスケートでかかるクラシック曲に限定しようと企画当初は思っていたのですが、それだと広がりが出なくて、荒川が好きなのは六〇～七〇年代ロックという設定にしました。ただ僕はゾンビーズとか好きですが、その時代のロックに精通しているかといえばそうじゃないので、今回のためにあらためて聴きましたし、劇伴を作ってくれたハンバートハンバートの佐藤良成さんがとても詳しかったので教えていただきました。今回でいうと湖のシーンは、好きな既存曲をがっつり使うことでミュージックビデオみたいに撮っていきたいと考えていました。ミュージックビデオって音楽ありきで映像を作っていくじゃないですか。その場合と、撮った映像に合わせて後で音楽を作っていく普通の劇伴の作り方とでは、やはりすでにある音楽に映像をつけた方が音楽がぐっと入ってくる感覚があって。だから映画を作る時は、すでにある音楽で、いいシーンを作ってみたいというのはありますね。その人はどんな曲を好んで聴く人なのか、と言うのもキャラクター造形の大きな一つなので、荒川が車内でかける音楽には拘りました」

荒川がカーステレオで聴いているのが佐藤さんのオリジナル曲というのは驚きだった。曲のクオリティが高いのでファンにはうれしいが、奥山監督の当初の目論見は違ったようだ。

奥山「佐藤さんが作ってくれた曲は外国のその当時あった曲だと思った方は確かに複数います。本当は使いたかったんですけどね、『Sunday Morning』(ヴェルヴェット・アンダーグラウンド&ニコ）とか。使用料が高くて。ゾンビーズ一曲で予算ぎりぎりでした。でも、佐藤さんのオリジナルのロック曲が、また映画のオリジナリティを形成してくれているので、結果よかったです」

内山監督は今作にも印象的なカラオケシーンがあり、『佐々木、イン、マイマイン』でもカラオケで河合優実演じる苗村が「プカプカ」を歌っていた。

内山「なんででしょうね。前作はシーンとしてカラオケ屋を描いたからだろうし、今作は主人公の家族がカラオケバーを営んでいるから必然的に登場しています。脚本段階の時はルイ・アームストロングの曲を使う想定をしていたシーンもありました。ブルーハーツさんの曲を口ずさむシーンがありますが、後楽園でパッションが漲る瞬間に流れている曲を後ろから前にも持ってくるという使い方をしています。劇伴は、暗いシーンに悲しい曲を、明るいシーンに楽しい曲を、といった手法ではなく、音楽が物語を説明したり先行しないようにしています。今回はドローンという音を多く使っているのですが、環境音や効果音も音楽として捉えてミックスして作りました。試合のシーンも、通常はそれらしい音楽や実況が入ってくるものですが、そうじゃなくて歓声や足音が、台詞や熱気すらも音楽になっていくということを求めていきました」

空「僕はどっちも好きなんです。音楽を必要としない映画、その真逆で聴かせるメロディが入っている映画も大好きです。僕はドローンをうまい具合に映画に使えないのですが、単体の音楽として好きで聴いています。『HAPPYEND』は振り切ってメロディのある音楽でサウンドトラックを作りたかった。その理由としては映画の中の音世界に三層作りたかったからです。一つは物質の音。あとは登場人物が聴いている音楽のテクノと『くそくらえ節』など。三つめの音がスコア。その一つひとつに視点を置きたかったんです。一つめは映るものの物質としての客観的な視点。そして登場人物が聴いている音楽は彼らの主観。スコアは僕の視点です。ストーリーテラーとして引いた視点をスコアに込めたかった。だから対位法的に実際に起こっているシーンとは違うエモーショナルな味のメロディや使い方をしました。人物が楽しんでいるように見えるシーンでは破滅的なメロディを合わせて、そういうシーンじゃないよ、と一歩引いたところから音楽で表現しています」

山中「私はいつも映画を作る時に先に音楽のことを考えて書いたり撮ったりできないので、どういう音をこの映画にあてるかということはほとんど考えないんです。音なしで観て面白いものをまず撮れるようになりたいというモチベーションがあり、『ナミビアの砂漠』も引き続きまずはアクションを重視し、音楽なしでも楽しいというのを目指しました。そしてラッシュで見てやっと、これは電子音楽だ！と分かり、渡邊琢磨さんにお願いしました。私はシーンに寄り添った音楽というよりは、別の軸で劇伴は鳴っていてほしいと思っています。カナが走っているシーンに流れる曲では、最後にカナが笑うのですが、それを琢磨さんは〝音〟と捉えて、その表情を含めた音楽を作ってくれました。抽象的なイメージでお伝えしていましたが、想像以上にソリッドな音楽があがってきてうれしかったです」

ここからはキーワードではなく、それぞれの映画の撮り方について訊いていく。

空「頭では一つの正解があるわけではないと思いながら、でも映画を勉強していくと、各シーンには正解に近い各ショットの置き方があるんじゃないかと考えたんです。それをどう探って見つけていくか。僕の場合は、構造的な脳味噌なので、まず映画全体に核みたいなものを置いて、細かくエクセルにシーンを書き込んでいって、各シーンをショットに分解していっています。各シーンにも一つずつ核があって、それをどう表現できるかというのを考え、各ショットにも核を作る。その全てが全体の映画の核へ向かう、ということをしています」

内山「それはどの段階でやるんですか」

空「脚本がだいたい出来上がった段階で、撮影監督と一緒に作っていきます。例えばこのシーンでは〝三角関係〟という核を置いて、ユウタがコウとフミを見て嫉妬しているのを描きたいとなった時に、それを必要なショットに分解して、何が一番大事かと考えたらユウタが見ているショットが必要になって、自ずとそのサイズ感も決まってくる。僕は普段は引き画が好きなのですが、ユウタが嫉妬している感情を撮らないといけないのでアップで撮る、とか。そういう方法でたどりついていきます」

奥山「自分は絵コンテを描かないので、ロケ地が決まり、撮る人（俳優）も決まってから、ロケ地でアングルをきっていく感じです。なるべくカットを割りたくないので、カットを割らないで済むロケ地を選びたいですし、カットを割らないで済むくらい間を埋められる方をキャスティングしたい。映画を撮るというよりも、写真を撮る感覚で、構図を決めて、ショットを積み重ねていけたらいいなと思っています」

内山「たとえば、写真のような構図を撮るジャック・タチ（註7）の映画も、自分はすごく好きです。僕は撮る前から頭の中で編集はされているのですが、時にそれはすごく邪魔になります。準備をする時とか、ロケハンをする時とか、その頭の中にあるものを上回るようなものに出会うように探していきます。脚本を書いている時は、カット割りやショットを思い浮かべながら映像を立ち上げていきますが、それ以上に〝動線〟が自分の中ではキーになります。アングル探しの前に動線を探している感じですかね。僕はまず人物が動く地点からたどり着く地点までの動線を決めて、字コンテとか絵コンテとかVコンテとかその都度手法を変えて作りますが、最終的に現場には持っていきません。撮影の段取り作業の時に、動線を確認して、テストはしないで撮りはじめます」

空「その邪魔になる感覚は本当に僕も思っていて。すごく綿密にプランしているのに、実際に動いているのを見ると使えなくなったりするから。既成観念に囚われたくないからなるべく現場で起こっていることを見ようともするんだけど、必要な時にそっちに戻る。だから邪魔になる感覚はよくわかります」

山中「私は、『あみこ』の時はすごく細かく決めて、その通りにやってもらうスタイルでした。用意した答えが監督の中に明確に全シーン全カットあり、そこにあててもらうのが映画の作り方だと思い込んでいたんです。キューブリック（註8）の映画の作り方を読んだり聞いたりして、それ

註7：フランスの映画監督、俳優。一九五三年に自作自演した『ぼくの叔父さんの休暇』は当時でさえ懐かしいサイレント喜劇をトーキーで再構築した傑作。六七年にタチが私財を投じてフランス映画史上最大の製作費をかけた『プレイタイム』は興行的に失敗したが時代を経るごとに再評価が進む。

註8：スタンリー・キューブリック。アメリカ合衆国の映画監督。『2001年宇宙の旅』（六八）や『時計じかけのオレンジ』（七一）、『シャイニング』（八〇）など映画ファンに語り継がれる作品を数々生み出してきた。異常なほどの完璧主義者で知られ、例えば『シャイニング』の台所での会話シーンは一四八回撮り直しされ、最も多いリテイクのワンシーンとしてギネス記録となった。

を真に受けていたのかもしれません。でもそれだと私の場合は現場にいることが自分でも楽しくなくなり、用意した自分の中で正解だったはずのものが撮っていくうちに正解じゃなくなっていくのを体感するようになりました。でも、自分が安心するためにも一応全シーンのプランをざっくりとは書き出して、現場に持って行きます。撮影が始まれば、起きたこと最優先で、用意したものをパッと捨てることも多いし、準備によって助けられたりもします。わからなくなったらみんなに訊きます」

そろそろエンディングである。

そこで、職業としての映画監督について、それぞれの考えを披露してもらった。

内山「僕はもともとファッションの学生で、スタイリストとして映画の現場に入った時に、映画の中心にいきたいと思ってファッションをや

めて、映画館でアルバイトをしながらなんでもやるスタンスでこの業界に入りました。はじめて助監督を経験した時に、映画で表現したいものがあると思い、自主映画を撮るようになった経緯があります。当時は、今自分は映画をたまたまやっているけど、そうじゃない選択肢もあるかもしれないという漠然とした言い方をしていましたが、二十代の中盤を越えた時くらいから映画監督という言葉をより強く携えないといけないと気づきました。周りに役者さんやスタッフさん、諸先輩方がいることを知っていく過程で、後輩たちに残していくために、歴史として、産業として映画が存在していってほしい気持ちがめばえ、そこにも目を向けながら作品づくりも活動もしていきたいと思っています。みんなの映画も観たいですし、日本映画が残っていってほしい。でも映画に携わる中で傷つく人は減ってほしい。誰かの私利私欲だけのために映画が作られたりしないように、監督として意識しながら作っていきたいです」

奥山「日本版CNC（註9）は実現するのでしょうか」

内山「まさに日本版のかたちを目指しながら、毎月みんなで集まっています。以前は知ってもら

註9：CNC（セーエヌセー：国立映画映像センター）はフランスの文化省の監督下にある機関。国家予算の配分ではなく映画業界内での利潤を循環させ、映画業界全般に対してサポートしている。それに相当するものとして、二〇二二年六月に日本版CNC設立を求める会（action4cinema）が立ち上げられた。運営メンバーには是枝裕和、西川美和、岨手由貴子、深田晃司、片渕須直などが名を連ねる中、内山監督は最年少メンバーとして参加している。

う機会をつくることに注力していましたが、いまはどちらかというと是枝さんが表に立つ場面が多いですが、毎日チャットでやりとりをしながらあそこへ行こう、これをしよう、と分科会を作りながら行っています。現在は、ものごとを動かしていくための重要な局面が続いています。一方で政治的なことばかりが前面に出ていって、実際の目的と乖離して受け取られてしまわないような発信もしていきたい。でも、今はその段階よりもっと手前にあることも多いので、下支えをしながらでも、最終的にはリュミエール兄弟が観客を驚かせた映画の始まりの時のように、わくわくするような産業になっていってほしいなと思っています」

空「応援しています。産業としては、僕も映画監督になって日が浅いのですが、そんな自分から見ても変わっていかなきゃいけないと思います。興行収入の金額をみても日本は世界でも群を抜いていて、たしか三位くらいなのにもかかわらず、こんなにも独立系と言われているメジャーじゃない映画にお金がまわらない理由はなんなんだろうという疑問は持っています。ほとんどの従事者や映画ファンはインディペンデントの人たちが心身削って作っている方がやりたいし観たいけど、それを成立させるためには死ぬ思いをしてやっている人たちが多いという現状が、スタッフの人たちと話しているうちにわかってきました。僕の場合は、特権的なことですが、今回の映画ではアメリカの資本をとりにいけたので、可能な限り労働環境をよくしたいという思いがありました。日本版ＣＮＣにも期待していますし、映画業界の人たちは当事者性をもつべきです」

山中「この中で私だけ唯一、日本の資本だけで撮っているのもあり、『ナミビアの砂漠』は資金源が少ないんです。スタッフの労働環境や日本の映画産業としてはみなさんと同じ気持ちです。自分のギャランティにしてもあまりにも対価が見合わない気がして、現状は映画監督として食べていけるイメージがありません。私の場合は、ゴネたら上がりましたが（笑）。だからみんなにもゴネてほしい。みんながゴネたら最低ラインが上がっていくから」

空「組合を作ってゴネるしかないですね」

映画を作る側も変わっていくべきだし、伝える側も変わっていかなければならない。

そして今これを読んでいるあなたは何を思うのか。

最後に、この座談会とは別の単独取材で聞いた奥山監督の言葉を置いておく。

奥山「僕は英語が得意ではないですし、フランス語や中国語も話せない。基本的には自分一人ではは海外の人とコミュニケーションができないんです。でも映画祭に行って、自分の映画を観てくれた人とは、なぜか話せる。それは映画でしっかりコミュニケーションができたからだと思っています。もちろん字幕がついている映画が、お互いの共通言語の装置になっているからなのですが。映画は、海を渡って、全然知らない国の人とも通じ合える。ミュージックビデオとかCMとかテレビドラマだと、そういうきっかけにはなかなかならない。文化や環境、信じているものから、食べているものまで全く違う人とも、あの映画のここが良かったね、と通じ合えるきっかけになりうる。それが映画の魅力だと思います」

あとがき

本書の編集作業中に、ジーナ・ローランズがこの世を去った。

茫然自失というのは、こういうことか。

インタヴューの中でもその名前が出てくるし、四人の監督による座談会の写真の背景に目を凝らせば、うしろからジーナ・ローランズが見守っている姿を見つけることができる。

座談会の取材場所として東京テアトルの会議室をお借りして四人に集まっていただいたのだが、そこへ意図せず飾られていた雑誌の表紙に彼女はいた。

優れた芸術作品は後世に残り、影響を与えつづける。

本書には、それぞれの監督が影響を受け、参考にした作品や監督の名前があらゆるところに散らばっているので、気になったところから手を伸ばしていただけるとうれしい。きっと彼らの映画が何倍も楽しめるだろう。


四つの映画のクレジットを見比べていただければ、キャストでは渡辺真起子さん、中島歩さん、伊島空さんがそれぞれ二つの作品に、スタッフではリレコーディングミキサー／サウンドスーパーバイザーの野村みきさん、ヘアメイクの寺沢ルミさん、美術の安宅紀史さんがそれぞれ二つの作品に参加していることがわかる。そうやって点と点を繋いでみるのも本書のマニアックな楽しみ方のひとつかもしれない。

最初にお会いした奥山大史監督、そして内山拓也監督、山中瑶子監督、空音央監督、河合優実さん、金子大地さん、寛一郎さん、栗原颯人さん、日高由紀刀さんへのインタヴューはすべて本書のために単独で行ったものである。『ぼくのお日さま』『若き見知らぬ者たち』のキャストコメントはオフィシャルから許諾を得て掲載させていただいた。あらためて御礼を申し上げます。

それぞれの映画の宣伝を担当してくださったメゾンの堀木英恵さん、ビターーズ・エンドの毛利百花さん、HaTaKaTaの矢澤一範さん、TAIRAの山口慎平さん、そしてカメラマンの浦将志さんにも心より感謝いたします。

ところで監督たちの座談会の写真はある映画のポスターのパロディなのだが、どの映画かおわかりだろうか。

そして映画はつづく。

恐るべき新世代映画監督たち
山中瑶子 奥山大史 空音央 内山拓也 インタヴュー集

2024年9月13日　初版第1刷発行

編　集　荒木重光
デザイン　小野英作
写　真　浦将志（p9, p97, p122-154）

発行者　河村季里
発行所　株式会社 K&Bパブリッシャーズ
〒101-0054
東京都千代田区神田錦町2-7 戸田ビル3F
電話 03-3294-2771　FAX 03-3294-2772
E-Mail info@kb-p.co.jp
URL http://www.kb-p.co.jp

印刷・製本　株式会社 光邦

ISBN978-4-902800-91-3 C0074